2020年唐山师范学院科学研究基金项目
"美术类教师职前职后一体化的培养模式研究"项目编号 2020ZB02

教师职前职后一体化培养模式研究

张万山　高一帆　王　伟——著

中国书籍出版社
China Book Press

图书在版编目(CIP)数据

教师职前职后一体化培养模式研究/张万山,高一帆,王伟著. -- 北京：中国书籍出版社,2020.12
ISBN 978-7-5068-8287-3

Ⅰ.①教… Ⅱ.①张… ②高… ③王… Ⅲ.①师资培养－研究 Ⅳ.①G451.2

中国版本图书馆 CIP 数据核字(2020)第 272734 号

教师职前职后一体化培养模式研究

张万山　高一帆　王　伟　著

图书策划	武　斌
责任编辑	毕　磊
责任印制	孙马飞　马　芝
封面设计	王　斌
出版发行	中国书籍出版社
地　　址	北京市丰台区三路居路 97 号(邮编：100073)
电　　话	(010)52257143(总编室)　(010)52257140(发行部)
电子邮箱	eo@chinabp.com.cn
经　　销	全国新华书店
印　　厂	三河市明华印务有限公司
开　　本	710 毫米×1000 毫米　1/16
字　　数	250 千字
印　　张	13.75
版　　次	2020 年 12 月第 1 版
印　　次	2021 年 10 月第 1 次印刷
书　　号	ISBN 978-7-5068-8287-3
定　　价	68.00 元

版权所有　翻印必究

前 言

教师教育的质量会直接影响学校教育的整体质量,因此世界各国在进行教育改革时,都会将教师教育改革放在首要位置。只有教师队伍整体素质得到提升,才能够保证教育成果的提升。就目前来看,尽管经过多年的努力,我国各水平层次的教师在专业能力、教学能力、职业素养、道德品质等方面都得到了不小的提升,但依然存在教师素质参差不齐、教师工作热情不够高、教师工作信念不够坚定、区域间教师队伍建设发展不够平衡等问题。而教育是实现强国目标的重要举措,尤其在推动中华民族伟大复兴的时代目标下,发展我国教育事业,提升教师队伍整体素质显得尤为重要。

教育作为一项国家的公共事业,必须依靠国家的力量才能更好地推动其发展。为此,我们有必要尽快建立起教师职前职后一体化培养体系,并研究出符合国情的教师职前职后一体化培养模式。而规范教师职前职后教育流程、扩大教师教育规模、提升教师教育课程质量、监督教师教育的实施是推动教师职前职后一体化培养体系形成的重要途径。

基于此,本书内容共分为八章。第一章的主要内容为教师培养的相关理论。其中包括教师群体与专业发展、教育职业与师德师风建设、学科教师发展问题与思想政治教育引导、教师发展与学习质量四方面内容。第二章主要探讨国内外教师培养区别及策略,具体包括国外教师教育专业标准及培养、中国教师培养的专业设置、中国教师培养策略这三部分。第三章从国外职前教师教育、国外在职教师教育与互联网、国内职前教师教育这三个方面入手，对国内外教师职前培养教育相关问题进行探究。第四章从我国教育发展需求层面，针对我国教师入职前的思想政治教育问题展开论证，试图总结我国教师入职前思想政治教育的目标、任务、内容和原则。第五章着重探讨入职教师教育及相关问题，并在明确新教师入职教育相关概念的基础上，对初任教师专业发展特征、教师入职教育实践等问题进行思考。第六章研究重点为职后教师教育，从职后教师教育课程问题诊断与教育创新、职后教师教育模块课程实施与评价、互联网环境下的教师职后教育实践与分析几方面入手，对当前职后教师教育发展现状及相关问题进行探讨。第七章研究主题为职前教育与职后一体化培养模式构建，从教育课程体系构建的理论基础、建设构想、实践研究这三部分进行探究。第八章聚焦国内美术教师发展，探讨国内美术教师的人文素养，并从树立美术教育观入手，对美术教育在学校中发挥的作用以及素质教育视域下美术教学策略等问题进行了深入分析。

在撰写本书的过程中，作者遇到了一些困难，为此特意请教了多位专家学者，并获得了诸多帮助和各方的支持，在此表示诚挚的谢意。然而，由于作者自身知识储备有限、写作能力有待提高，因此书中难免有不尽人意之处，希望本书的出版能够为国内教师职前职后教育事业的发展提供些许参考，为促进当代我国教师队伍的建设和教育事业的发展贡献绵薄之力。最后，恳请广大读者能够对本书进行批评指正，作者将会积极听取各方的意见和建议，对本书进行修改和完善。

作者

2019 年 11 月

目 录

前　言 …………………………………………………………… 1

第一章　教师培养的相关理论 ………………………………… 1
　　第一节　教师群体与专业发展 …………………………… 1
　　第二节　教育职业与师德师风建设 ……………………… 7
　　第三节　学科教师发展的问题与思想政治教育引导 …… 16
　　第四节　教师发展与学习质量 …………………………… 24

第二章　国内外教师培养区别及策略 ………………………… 27
　　第一节　国外教师教育专业标准及培养 ………………… 27
　　第二节　中国教师培养的专业设置 ……………………… 39
　　第三节　中国教师培养策略 ……………………………… 44

第三章　国内外教师职前培养教育 …………………………… 47
　　第一节　国外职前教师教育 ……………………………… 47
　　第二节　国外在职教师教育与互联网 …………………… 55
　　第三节　国内职前教师教育 ……………………………… 60

第四章　我国教师入职前的思想政治教育 …………………… 75
　　第一节　教师入职前思想政治教育的目标 ……………… 75
　　第二节　教师入职前思想政治教育的任务 ……………… 84
　　第三节　教师入职前思想政治教育的内容 ……………… 92

第四节　教师入职前思想政治教育的原则 …………………… 97

第五章　入职教师教育 …………………………………………… 106
第一节　新教师入职教育简述 ………………………………… 106
第二节　初任教师专业发展特征 ……………………………… 111
第三节　教师入职教育实践与思考 …………………………… 121

第六章　职后教师教育 …………………………………………… 138
第一节　职后教师教育课程问题诊断与教育创新 …………… 138
第二节　职后教师教育模块课程实施与评价 ………………… 145
第三节　互联网环境下的教师职后教育实践与分析 ………… 159

第七章　职前教育与职后一体化培养模式构建 ………………… 173
第一节　职前职后一体化教育课程体系构建的理论基础 …………………………………………………………… 173
第二节　职前职后一体化教育课程体系建设构想 …………… 180
第三节　职前与职后一体化课程的实践研究 ………………… 188

第八章　国内美术教师的人文素养 ……………………………… 192
第一节　树立美术教育观 ……………………………………… 192
第二节　学校美术教育的目的和作用 ………………………… 193
第三节　当前社会美术教师应具备的条件 …………………… 201
第四节　素质教育下的美术教学策略 ………………………… 204

参考文献 …………………………………………………………… 210

第一章 教师培养的相关理论

本章重点对教师培养的相关理论进行介绍，具体内容包括教师群体与专业发展、教师标准的设计与师德师风建设、学科教师发展的问题与思想政治教育引导、教师发展与学习质量四部分。

第一节 教师群体与专业发展

一、人类学视野中教师专业发展的真实意蕴

（一）主体需要：教师专业发展的原初动力

教师的专业发展也需要基于人类学。我们要对人类学研究的主体进行明确，现实存在的人一定是无法满足现实存在条件的生存主体，人类研究学所研究的对象就是生存主体以及其根本特征。马克思曾指出：需要是人类进行全部活动的基础和原初动力，需要的满足程度直接涉及人的本质的实现程度。

从教师职业内涵的角度看，它的目标是培养人，是培养拥有情感、智慧的人。尽管教师也要为自己的生计做打算，但这只是教师个人成长过程中最低级的需求。从中观的层面而言，主体需要指的是教师个体能够对自己所从事的职业性质和专业有充分的认同感，并且能够了解职业的特性和专业标准。同时，教师还需要能够清晰地认识到职业的发展方向以及规划好自己的职业发展目标。教师不仅需要清楚地认识自身与世界的关系，还需要拥有能够将自身的发展当作独立个体并尝试对其进行构建的能力。再

从更高的角度去看待，主体需要已经成为"作为总体的人的一种社会性需要，是处在社会当中的人去努力追求和实现目标的本质"。从这个层面来看，教师不仅需要将自身的职业当作是一种个人追求、个人事业抱负的实现，一种发挥自己能力的重要方式，还是对个人综合素质的提升，是对自我的不断完善，并希望在事业实践过程中追求对自我的超越。

（二）生命发展：教师专业发展的内在根本

马克思曾经提出这样的观点："人的存在便代表着其是一个特殊的生命个体，正是由于这种特殊性才使得他能够成为一个个体，一个能够在现实社会中真实存在的单个存在物。同时，他也是观念的总体，是被他人感知和思考的社会主体，就如同他在现实生活中不仅是真实在社会之中存在的个体，又是个人生命的表现。"从这个层面来看，教师专业发展的前提是"具体的个人发展"，是以生命的存在和发展为基础的。人类终其一生都在寻找自己生命的意义，人的一生便是一个生活的过程，教师这个职业同样能够让教师感受到生命的意义和价值，并且能在其一生之中展现出来。在具体的教学实践当中，教师能够在有意识或无意识过程中感受到内在的某种生命存在的意义，并以此为激励，不断对自己提出更高的要求，进而提升教学能力，获得更好的教学成果。这一过程是从"自在"到"自为"的过程。在这一过程当中，教师的行为并非像某种工具，或是奴隶一般受人指使或胁迫，而是一种自愿的行为，且这一行为往往能够展现出强大的创造力。教师的生命价值正是在这样的行为过程中得以实现的。当教师职业能够不断地发展，意味着教师已经从"具体的个人"成长到"全面的人，是能够在不同环境之中承担起责任的人。"作为具体的个人，教师发展的内在根本是个人生命完整的发展和生命质量的提升。

（三）自我超越：教师专业发展的不竭动力

作为一个生命体，教师也有时刻希望超越自我的思想。这是一般人都会有的自我意识。正是这样的自我意识鞭策着人们勇往直前，不断获取进步。事实上，只有不断完成自我超越目标的教师，才能够真正满足人们的学习需求。在相当大程度上，教师之所以对职业有更高的追求，是因为其已经对现在的自我状态和发展产生了不满，教师期望得到水平更高、专业更完善的发展目标和自我提升。教师通过自身对发展环境的探索和再创造去改变和完善现有的教育环境，这也是教师对于现阶段自己的水平、状态、目标、境界以及所处的环境的突破。教师能够在改变和完善教育环境的同时完善自身，实现了教育环境与教师的双重构建——主体客体化与主体统一化，这种构建能够使得教师的生活、事业都变得更加美满，使得自我价值的实现和自我发展更富有意义。自我超越是教师实现自我价值以及是"由'自然世界'转向'文化世界'然后转向'意义世界'的过程"和展现个人价值的过程。教师的社会意义决定了其必然是服务于社会的，但同时教师作为"具体的个人"也具备了"自主人"的意义与追求，这两者都是教师的必要属性。所以，现代教师的专业发展价值观是教师内在"具体的个人"的生命意义与外在"社会服务"的工具价值的统一。

（四）主体彰显：教师专业发展的基本前提

主体自主性、主体自为性、主体选择性和主体创造性是教师主体性表现的最主要的四个方面。大量教学实践表明，教师的专业发展不存在被动性。事实上，在被动状态下进行的教师专业发展往往是不完全的、低效率的。教师只有在自我有意识的驱动之下，对自己的能力以及职业发展进行提升和规划，对自己的精神世界进行丰富，主动对自己进行完善和改造才能够促进自己进行全面发展。如果教师只对专业能力、学科知识、教学技巧精通，忽略了自主性的发展，那么教师在最后也可能沦为教学工具。教师专业发展中作为"人"的发展需要以教师的主体性为根本，对教师在教学中的作用和贡献给予充分的肯定，认可教师专业发展是教师主体全面发展的结果。只有教师自我意识得到提升，对人生价值、人格完善不断进行专业追求时，教师专业发展才能够具备原动力，教师职业才能够实现真正意义上的专业化。

（五）价值实现：教师专业发展的最高境界

人类学家认为，人是一种时刻处于"不满足"状态下的生命体，因此人绝对不会在满足基本生命维持的情况下止步不前。这或许也是人与其他生命体之间的本质性区别。人存在的本身便是有目的性的，人类的所作所为都是为了能够更好地生存与生活，人类创造的一切的根本目的便是为人类服务，所以人类也可以说是价值的来源。以此为基础，我们所理解的价值其根本就是人类所追求的目标物，而人类追求的这个目标物便是人类的自身本质。据此，我们便对人类在价值上的地位有了清晰的认知，人才是一切价值的来源，人才具有真正的"无价"的价值。其他所有价值的概念都是以此为根本所衍生出来的，人类存在的真正价值，正在这种不曾停止的观察活动与批判精神之中，正是因为人类不停地进行着自我反省与自我审视，才证明了自己的尊严和意义。

教师的专业发展将教师的本质价值进行了呈现，也是教师职业生命的不断更新和自我完善，是教师在专业发展之中的自我驱动行为，也正是这种不断进行着自我超越、自我追求的行为使得教育活动被推到了很高的层次。教师在不断完善精神世界的过程之中，会通过学习、实践、总结、反思、超越对自己的状态进行及时调整，经过持续的丰富自己、发展自我、提升自己使得自己获得精神上的自由感和愉悦感。当教师一心扑在教育的实践当中，教师本身的智慧和能力就能够得到持续的成长，正是在这样的情况下，教师确认了自我意识在个体生命中的主导位置以及历史责任，才能够意识到其生命的真正意义。当教师在教师专业发展之中认识到了"自我"，便可以得到由当下奔向未来的心灵依托，找到发展的动力和源泉，并且在提升与发展的过程之中获得满足感。

二、人类学视野中教师专业发展的生成机制

（一）确立以人为本的发展理念，匡正教师专业发展方式

从整体性和抽象性的层面来看，教师的本质是人，具备了生物属性、社会属性、职业属性以及文化属性，教师专业发展的本质和基础是其作为"人"而存在。教师专业发展中最重要的一点就是教师作为"人"的属性，要在发展的过程中始终坚持以人为本的理念，不可如同旧时代一样，将教师过度"神化"，片面地认为教师就是完美的，用对"完人"的要求去要求教师，教师从来不是超人，也不是"工具人"。正是因为这种对教师的过时观念使很多教师背负了太多不应该背负的压力，教师对于生活与工作的感觉越来越负面，无法从教师这个职业之中体会到快乐。若想要对这样

的现状进行改善，我们就必须尊重教师作为"人"的属性，不仅要从教师作为生命存在的特殊性来看待，也要从教师作为生命存在的一般性来看待。要能够将教师专业的特殊性与教师作为"人"的一般性融合起来，要知道，教师先是一个"人"，之后才是教师。

（二）形成主体自觉发展路径，追寻教师专业自主发展

主体自觉发展是教师实现自我、超越自我的过程，也是教师作为主体主动、自觉、主观构建发展路径的过程。这个过程能够使教师充分发挥出本身的主体意识，进而培养出良好的发展意识与创新意识，能够让教师主动承担起教师职业发展的责任。通过自我觉醒的主体意识和发展意识，将教师专业的构建进行研究与剖析，制订好自我发展的计划与实施策略，努力实现自身的教师专业发展目标，使自己能够成为具备自主选择、自主构建、自主反思与可持续发展特点的自主成长型教师的表征。若是自主型的教师专业发展路径无法建立，那么教师的规章制度就会成为制约教师发展的一种手段，教师的教学行为便会慢慢成为一种被动的、缺少精神追求和发展动力的生存手段。"教师被看成一个具备了自主能力、批判意识、承担责任并完善教学的知识分子，要能够主动并负责地将教学之中的各种活动进行完善，而不是一个只受到过专业技能培训的工具人。所以，教师是一个有自主意识的教育工作者。"

教师的发展本质其实就是以教师作为主体，教师要能够在主客关系之中把握自身的本质，并且对客体以及其发展做出选择。教师专业发展的首要因素就是需要教师有发展的内部动力，而不是被动地被外部的客观事物推着走。教师的内部动力源自于教师的理想、人生目标、职业规划以及事业心。教师专业发展其实也是教师的自我发展，教师是要能够针对自己提出有个人特色的发展方向。

（三）实现制度规定的人性化，创设教师专业发展环境

在当代，人类社会文明正在逐渐深入，随之孕育而成的便是专业理念与专业体系。在这种社会背景之下，泛制度化的时代已经来临，这种时代背景下的教师生存异化已经变成一种常见的制度现象。教师职业的价值和意义一直是社会争论不休的话题，而正是因为这种现象，教师职业开始逐

渐变成一种"奴性化"职业。比如，在一些欧美国家，社会就十分重视教师专业发展的标准导向。教师也因为这样的制度，变成了被规章制度所束缚的"工具"，国家相关的权力单位对教师制定了一系列的培训、考试、监督和管理制度，让教师始终处于制度的管控之中。所以，想要达到真正的制度人性化，就要在规划教师专业发展的过程中要遵守人本主义，尊重教师的作为"人"的社会地位，不是一味地将教师看作教学工具，要关心教师的身心发展与健康，创建出一个符合教师发展规律的外部环境。

在当代，社会体制正处在转型期，多元化的文化与思想无时无刻不在相互碰撞，社会中的人才素质、知识总量以及信息量也在时刻变化着。教师在这种复杂多变的社会背景之下，要对人才素质的结构以及教育规模的发展有充分的设想。而社会也要为教师营造出良好的外部教学环境，这需要做到以下两点：第一，要能够对教师的社会地位和经济进行保障，要控制好社会对于教师的舆论导向，社会各界需要对教师的教学环境建设给予支持，要对教育改革持理性、开放的态度，不要将过大的社会责任和压力施加给教师，要为教师构建出一个能够自我发展、自我选择、自我反思、自我实现的社会环境；第二，要为教师建立一个能够自上而下进行平等对话的环境，给教师一个轻松、有发展潜力的良好环境。

（四）关注教师的生活世界，让教师焕发出生命活力

以人类学的角度而言，社会各界都需要给予教师作为主体和生命的尊重，要时刻关注教师的生存现状与作为"人"的生命价值，对教师的生活、精神世界也要重视。现代教师的生命主体意识在不断增强，教师专业发展的过程需要充满活力与生命气息，在保证教师现实自我人生价值的基础上，提升教师的自我意识、自主能力、教学技能、自主发展等能力。只有这样，教师专业发展才能够实现，教师的综合素质才能够得到提升，教师、学生与教学之间的关系才会是共同成长、共同进步的关系。

（五）提升教师专业发展境界，引导教师主体价值实现

境界指的是人在某种具体的生存活动之中，以自己现阶段的生存状态为基础，对未来可能发生的生存状态进行预测，这种整体的生活状态包括了个体当前的生存状态、活动方式、对未来的希望以及规划。从人类学的

层面来看，教师并不是一个单纯的职业，也不是一种为了生存的行为方式，而是一种生命存在的方式，是一种帮助生命成长并实现生命价值的方法，是一种既能够完善自己也能够提升他人生命存在价值的形式。所以，教师专业发展的过程应该是在以人为本的基础上实现事实与价值双重取向的统一。教师能够变成主动创造自身专业的主体，使教师的生命价值得到展示，在充满生命活力的同时保持教师对职业的自觉性，寻求教师专业发展的空间与可能性。

综上所述，人类学的理论研究成果为我们探究教师专业发展提供了丰富的经验和依据。事实上，教师的专业发展是一种具有自主性和超越性的活动，这一点与教师个人成长需求相吻合。尽管外界环境对教师的个人发展有着很大的影响，但如果教师不能将专业发展转化为自觉行为，那么很难在教育行业长久地走下去。在当代，青年教师应该去努力追寻并创造自身的职业发展目标，在遵守社会、教育规律、教育规范的基础上去自觉选择教育活动，并在此过程中不断超越自我，实现生命的价值。对教育中教师主体价值观的探索不仅是现代教育之中的必然趋势，更是当今社会对于当代教师与现代教育特性认识的完善与升华。

第二节 教育职业与师德师风建设

一、师风师德的建设

（一）强化职业理想和职业道德教育

青年教师是未来我国教育行业中最为重要的成员，也是未来我国学校教育事业发展的中坚力量。青年教师的素质决定着我国未来教育教学质量和整体教育水平。青年教师由于其年龄特征，容易与学生进行交流，并对其知识结构、思维方式和行为特征产生潜移默化的影响。此外，青年教师的师德师风质量关系到教师个人事业的发展，关系到学校人才培养的质量，关系到国家的未来。因此，推进青年师德建设，既是学校教师队伍建设的重中之重，也是学校内涵发展的基础工程。

1. 强化职业理想和职业道德教育的重要性

中宣部、教育部党组在 2013 年联合印发《关于加强和改进青年教师思想政治工作的若干意见》（教党〔2013〕12 号）中指出："青年教师是推动高等教育事业科学发展、办好人民满意高等教育的重要力量。"所以，我们有必要对青年教师的职业道德和职业理想进行引导教育，促进当代青年教师的职业理想，让其能够进行自主发展，对教师专业发展有自觉性。同时，提升青年教师的技能水平，为其创作良好的发展环境，锻炼其意志品格，最终提升青年教师的整体综合能力。

首先，加强职业理想和职业道德教育是继承和弘扬教师传统美德的前提和基础。作为一名青年教师，学习优良传统美德是他们的责任和义务。只有积极将学习到的优良师风师德落实在实践当中，才能做好自己的教育教学工作。

其次，强化青年教师职业理想和职业道德教育是实现职业幸福感的源泉。教师的职业幸福感，是指教师在教育教学过程中，在需要得到满足、潜能得到发挥、力量得以增长以后，自我感觉快乐与享受的幸福体验。教师的劳动是一种创造性的劳动，正契合了人的自由天性。"道德"和"幸福"总是一致的，道德的人生与幸福的人生高度相关。"没有爱就没有教育"，爱生如子，因材施教，包括对学生的谆谆教诲，这些都是教师的职业道德在其劳动过程中的重要体现。教师的职业理想是基于个人条件和社会的综合要求，通过既定目标的设置，即个人愿望所要达到职业境界。崇高的职业理想是教师投身教育奋发向上、勇往直前的动力。教师的职业责任感、使命感依托于教师的职业理想。一位有理想、有道德的教师必然会得到学生的爱戴，社会的尊重。对于青年教师来说，良好的职业道德、崇高的职业理想既是其转变角色、职业调适、职业认同、职业满足的必要保证，更是个人价值和社会价值的永恒追求。

再次，只有不断强化青年教师的职业道德观念，帮助青年教师梳理职业理想，才能保证教师专业发展有序推进。现如今，各水平层次的教师队伍建设都存在教师职业理想观念不强，入职后对自己未来的职业发展规划和人生规划不清晰，甚至出现迷茫感等问题。这些问题都是导致教师教学工作效率低下的重要原因。如果不加强对青年教师进行职业道德与职业理想教育，那么必然导致我国教师队伍建设人才流失严重的问题。这样一来，不仅国家的教育事业发展得不到保障，还会给社会就业带来更多压力。

2. 强化职业理想和职业道德教育的紧迫性

从总体上看，当前我国青年教师队伍是一支学历较高、素质较好和能力较强的群体。在这支队伍中，绝大多数青年教师有理想、有道德、有文化、有爱心、有责任感，他们易于接受新鲜事物，为国家和社会培养了大量优秀人才。然而，在这支队伍中，受各种不良因素的影响，部分青年教师的职业理想和职业道德不尽如人意，主要表现在以下几个方面。

首先，敬业精神不足。主要表现在一些青年教师出于各种原因选择教师这一职业，但由于个人价值与社会价值的冲突，因此在具体的工作当中，教师往往"人在曹营心在汉"，无法将自己全部的精力投入教学当中。这些问题都严重影响了师德师风的建设工作。

其次，对学生的关爱不够。教师对学生热诚关心、关爱之情，是搭建师生友谊的重要桥梁与纽带，也是提高教学效果的重要手段。但是与之相反，在具体的教育教学过程中，有的教师缺乏对学生的关心、关爱之情，比如有的教师忽视学生的个体差异性，未能根据学生的专业背景、知识功底、学习爱好不一等特点进行有针对性的教学，显然不能有效激发学生学习兴趣和热情。

最后，课堂言行欠妥。青年教师往往个性鲜明、思想开放。没有意识到教师个人负面情绪可能对学生造成的不良影响。如个别青年教师上课时由于不能很好地控制自己的情绪，在课堂上大放厥词的情况时有发生，严重损害教师形象。

3. 强化职业理想和职业道德教育的途径

中共中央组织部、中共中央宣传部、中共教育部党组联合发布的《关于加强和改进青年教师思想政治工作的若干意见》明确提出了"强化青年教师职业理想和职业道德教育。激发青年教师树立崇高的职业理想，严守教育教学纪律和学术规范，切实肩负起立德树人、教书育人的光荣职责"。

就我国目前现状来看，全国范围内的学校教师都在向年轻化方向发展。这种发展趋势尽管为教师队伍建设输送了更鲜活的血液，但也不可避免地遇到青年教师教学经验不足，职业信念不坚定等问题。事实上，教师对于年轻化对学生成长的影响是十分深刻的。通过教育和引导不断增强青年教师的职业理想和职业道德，有助于全面贯彻党的教育方针，有利于培养德智体全面发展的社会主义建设者和接班人，促使学校的办学思路和办学方向始终与社会主义社会相适应。

(1) 把学习职业道德规范纳入青年教师培训计划

《辞海》对职业道德的解释："是一般社会道德在职业活动中的体现。在有阶级的社会中，体现阶级的道德要求。"即道德包含两个层面的意思，一是对个人思想和德行进行善恶和荣辱的评价方式，二是对人与人之间及个体行为进行约束的准则。《高等学校青年教师队伍建设的意见》（教党[2012] 10号）中明确指出："青年教师要严格遵守宪法和有关法律法规。"著名教育家卢梭曾说："在勇于承担培养一个人的任务之前，必须首先要使自己练就为一个受人尊敬的典范。"这也体现了学校教师是道德的化身，是道德的传播者和践行者，如果教师不按照道德规范施教和行为，学校有权按相关规定予以处分或者撤销其教师资格。

①重视青年教师入职教育

青年教师必须接受职业道德与规范的教育，同时，学校应当加大对《中华人民共和国教师法》《高等学校教师职业道德规范》等规范教育者行为的文件的宣传力度，积极组织青年教师参与相关培训，引导青年教师从思想上提高道德意识。此外，学校还应当为每位教师建立相应的师德档案，对其从业以来的师德表现情况进行记录，以此来激励青年教师，督促教师严格要求自己。

②强化培训的针对性和时效性

学校对青年教师往往有系统培养和培训实施方案，其中包含有青年教师职业道德规范的培训内容。在培训过程中，要以提高教师的道德水平为根本，要以提高教师的专业发展能力为重点。青年教师学历高、创新意识较强，对青年教师职业道德的培训如果只是照本宣科、空洞的说教，往往会是事倍功半。应该关注青年教师的精神诉求、生活体验、职业发展，在青年教师中形成道德自觉。

(2) 抓树典型，开展"三育人"评选活动

多年来，全国各地学校开展"教书育人、管理育人、服务育人"评选活动，旨在引导广大教师践行社会主义核心价值观，坚持"教育为本，德育为先"的办学理念，将学校建设成为社会公德的高地和社会风尚的风向

标。因此，开展"三育人"评选表彰活动，既可以树立身边可学、可亲、可敬的先进典型，引导广大青年教师做好教学、科研、管理和服务工作，同时还能够营造一种自觉、健康、勇于拼搏的校园文化，充分发挥学校在社会精神文明建设中的引领作用。

①坚持"公开、公正、公平"的评选原则

在"三育人"评选中，既要重视评选条件、标准、程序和典型性，又要把评选过程作为师生员工相互学习、相互借鉴、共同提高的教育环节。一是各单位推荐的先进个人候选人，一定要有广泛的群众基础，得到师生员工高度认可；二是党组织应把候选人的事迹材料在本单位公共区域或网络平台上进行展示，接受广大师生员工的监督和评议；三是组织全校师生员工通过网上投票系统、电子邮件、投票箱等多种方式从候选人中推选"三育人"标兵；四是对候选人名单进行公示，确定无异议后，提交学校党委。通过认真评选，把青年教师身边的好典型、好思想、好事迹树立起来，让师生员工学有榜样、赶有目标，充分发挥先进典型的示范辐射作用。

②健全"三育人"教育活动的考核方法

学校在组织考评的过程中，要特别注意把握好考评的重点，既要重视我国教育发展对教师职业素养提出的新要求，又要结合教师职业特点，考虑到教师具体教学实践的可执行性。在此基础上推进"三育人"工作，引导教师将"三育人"与学科教学联系起来。通过"三育人"评选表彰活动的开展，广大青年教师的教学热情与自主学习积极性将会得到一定程度的提高，并帮助青年教师树立起"育人为本，德育为先"的职业理念，进而提高学校思想政治工作的工作效率。

(3) 以社会主义核心价值观引领师德建设

习近平总书记在出席北京大学师生座谈会上指出："所谓的核心价值观，不外乎是一种德，是个人的德、国家的德与社会的德的高度统一。国无德不兴，人无德不立。"在2016年12月全国学校思想政治工作会议上，习近平更加明确指出："要坚持不懈培育和弘扬社会主义核心价值观，引导广大师生做社会主义核心价值观的坚定信仰者、积极传播者、模范践行者。"在当前复杂多变的社会环境下，各种意识形态交融、多种思想观念交锋，如何在多元文化元素中凸显中华文化，如何在多种思想观念中弘扬社会主义，这是每一位教师需要思考的问题。随着社会主义核心价值观的提出和确立，青年教师职业道德建设的方向更加明确，学校必须以社会主义核心价值观为引领，努力提高青年教师的道德素养。

①强化理想信念教育

青年教师要在学习社会主义核心价值观的过程中加强自身的理想信念，并在自己的教书育人工作中，将社会主义核心价值观传递给学生，加强学生的理想信念。理想是主体在实践中形成的精神现象。它源于社会生活实践，是现实与可能性的有机统一。它是对特定事物和现象未来发展趋势的特定向往和追求。而信仰是主体对特定事物和现象的认知、情感和意志的有机统一，它是主体在一定的认知基础上，对特定的事物或现象坚定地信仰和实践的心理状态。在开展社会主义核心价值观学习与教育的过程中，加强青年教师理想信念教育具有重要的理论意义和现实意义。

首先，理想信念对青年教师的奋斗目标具有指引作用。要使一个人的生命富有意义，其人生必然应该是在实践中不断奋斗的过程，进而在积极健康而且富有意义的奋斗目标的指引下，沿着正确的人生道路不断前进。在此过程中，理想信念对一个人的奋斗目标具有导向作用，是一个人的思想与行为的指南针、定向器。

其次，理想信念是青年教师奋斗目标的动力之源。个人只有具备了坚定崇高的理想信念，才会以惊人的毅力、不懈的努力，朝着自己的奋斗目标不断前行，在前行的进程中，不断实现自己的人生价值。

再次，通过树立坚定的理想信念，能够极大地提升青年教师的精神境界。人的一生如果只有物质追求而没有精神需求，那么这个人的人生必然是空虚乏味的，缺乏活力的。对于广大青年教师而言，要想在教育事业的道路上走得更远，没有坚定的信仰和崇高的精神境界是十分困难的。因此，帮助青年教师树立崇高的理想信念，提升教师的精神境界，是为教师职业发展铺平道路的重要方式，也是帮助青年教师实现人生价值和事业价值的重要途径。

②让社会主义核心价值观"入耳、入脑、入心"

社会主义核心价值观包含国家、社会和公民个人等三个层面的内容。在青年教师中，让社会主义核心价值观"入耳、入脑、入心"，不仅对国家社会的长期稳定发展具有重要意义，对培养当代学生的价值观、人生观也有巨大的指导作用。

广大青年教师要主动培育和践行社会主义核心价值观,时刻牢记党和国家的嘱托,牢记广大人民群众的殷切期望,忠于党的教育事业,把培养社会主义建设者和接班人作为工作的重中之重。在教育教学活动中,应当注意引导学生自觉践行社会主义核心价值观,注重生活细节,如节约用水、用电,不乱扔果皮、纸屑等;在工作中积极践行社会主义核心价值观,坚定不移地坚持发展中国特色社会主义先进文化,不断提高自己为祖国服务的素质和能力,为社会建设贡献自己的力量,积极做一个"爱国、敬业、诚信、友善"的社会主义好公民、好教师。

③增强教书育人的使命感

习近平在全国高校思想政治工作会议上强调,思想政治工作的中心环节是要坚持立德树人,把思想政治工作贯穿教育教学全过程,实现"全员育人、全过程育人、全方位育人"。加强师德师风建设,首先就在于坚持教书和育人的统一,引导广大教师以德立身、以德立学、以德施教。毫无疑问,这对广大教师,尤其是青年教师的职业定位和师德建设都提出了更高的要求。首先,青年教师应志存高远。将个人命运同祖国命运紧密联系,心怀祖国与民族的复兴大计,为国富民强和教育事业的蓬勃发展贡献青春和力量。其次,青年教师要为人师表。牢记教师的职业标准,切实履行教师职责,遵守教学科研规范,廉洁从教,表里如一,切实提高以德立身、以德立学、以德施教的能力。

(二)建立健全青年教师师德建设的长效机制

1. 培育师德风尚,营造尊师重教氛围

(1) 探索师德宣传新机制

新时期,教师师德宣传工作也要紧跟时代新形势,采用当代青年群体能够接受的方式。切忌走过场、搞形式主义。此外,宣传的具体内容必须紧紧围绕国家的最新要求展开,且要结合广大青年教师的实际情况,为教师提升自身职业道德品质提出可行的方法和渠道。具体宣传内容要以正面教育为主,涵盖政治理论、传统美德、爱岗敬业、法律法规、学术道德、师德标兵等。在进行师德宣传的过程中,相关组织者应当努力总结师德形成的一般规律,并对阶段性宣传效果进行调研,广泛征集学校内部各个部

门的意见，及时对宣传工作进行调整，进而构建起学校各级层之间的联动机制。

（2）树立师德典范

学校宣传部门应会同师资管理等部门，经常不断地宣传校内外的师德典型，主动拓宽宣传途径和渠道，通过宣传栏、师德师风论坛、校园广播、校园网络、优秀教师事迹报告会等方式介绍先进典型事迹，充分展示其精神风貌。宣传部门尤其要把握住正确的舆论导向，引导广大青年教师从被动接受转变为主动参与。学校应以每年的教师节活动作为载体，开展"创先争优"活动，通过"师德标兵""师德先进个人""优秀教师""优秀辅导员"等评选活动，在学校形成比学赶超的良好氛围。

2. 创新师德教育，引导教师树立崇高理想

苏联著名教育家苏霍姆林斯基曾说："道德伦理、理想信念、是非善恶等方面的准则在教师修为上体现出一致性，这必将引起青少年心灵上的共鸣。"这充分说明教师良好的思想道德情操对学生思想品行发展密切关联。教师是人类灵魂的工程师，而师德师风则是教师的灵魂。国家的兴衰，取决于教育；教育的兴衰，取决于教师。教师个人必须树立崇高的理想信念才能潜心于教书育人的实践中，这是做好教师职业的基石。

（1）构建师德网络教育阵地

青年教师知识结构完整，思维活跃，接受新事物能力强。如今，随着互联网技术的迅猛发展，网络上各种社会思潮、社会现象层出不穷，这些五花八门的信息容易对青年教师的价值判断和行为选择造成很大干扰，给传统道德教育带来严峻的挑战，因此，推进师德网络教育势在必行。师德网络教育能够实现教育者与青年教师间的零距离交流，使他们敞开心扉，变被动接受为主动交流和学习。学校可以采取多种形式的网络教育进行师德建设，如举办网络主题讨论会、在校园网站开设师德建设专栏、在线教学课堂、语音交流平台或微信互动平台等。需要注意的是，在这一过程中，学校要坚持积极引导与互动交流相结合的教育思路，引导青年教师在传播正能量的同时树立正确的价值判断。要充分利用网络教育的地位，采取生动的教育形式，提高网络教师德育的实效性。同时，学校要加强对新媒体的监管，对其内容进行甄别，避免不良网络文化和思想对青年教师产生负面影响。

（2）建立健全师德领导体制

师德建设是学校最为重要的基础性、系统性的一项工作。要做到"强师德、铸师魂"，必须创新协同机制。建立由学校党政主要领导负责，教师工作处牵头，组织部、宣传部、人事处、纪检委、校工会等部门要做到多管齐下，分工合作，形成有效的协同联动工作机制。加强督促检查，加大考评力度。特别是要抓住不同阶段的师德师风的突出问题，采取强有力的措施，对症下药，举一反三，及时解决问题，营造和谐的育人环境。二级学院和单位也要成立师德建设领导小组，学院、单位党政主要负责人要切实履行起师德建设工作的领导责任。在深入调查研究的基础上，加强对本单位的师德师风建设的领导，有组织、有计划、有制度地细化和落实各项工作，提高教师职业道德素养。只有坚持不懈、持之以恒地抓早、抓小、抓细、抓实，才能使师德师风建设落实到各项具体的工作中。

3. 重视师德考核，促进教师提高修养

（1）建立师德信息档案

通过建设教师师德信息档案，可以建立其系统科学的教师师德考评体系。通常，师德信息档案中可以有对教师师德奖惩情况进行记录，也可将阶段性师德考评成绩进行体现。其中应当包括个人政治荣誉的证明材料、教育学习材料、教师自我报告和社会道德评价结果汇总，等等。师德信息应当在教师职务（职称）晋升、绩效考评、评优推优中发挥一定的影响作用，从而促进青年教师对师德培养的重视度不断提升。师德信息档案是青年教师师德的真实反映。学校宣传部门和师资管理部门可通过教职工信息管理系统对师德信息进行动态管理。同时要加强对青年教师的师德考评建档工作，以便及时有效地对教师的教育教学、履职情况、师德表现给予客观公正的考评，以利于青年教师的成长和发展。

（2）拓宽师德建设渠道

首先，建立师德培训机制。学习使人进步，任何品德的培养，在很大程度上都有赖于后天的学习。通过多种学习教育形式塑造教师人格，是师德建设的重要组成部分。学校师德教育的开展要在结合教师培训、教学科研和校园文化建设的基础上进行。因为如果单纯地宣传师德教育，青年教师难免会感到枯燥乏味，无法真正让青年教师感受到师德建设对具体教学工作的重要作用，从而导致师德建设最终沦为形式主义。具体而言，学校

必须加强社会主义核心价值观教育,把理想信念教育、法制教育和心理健康教育作为师德建设的重点,并对青年教师开展科研活动提出明确的行为规范。就结合校园文化开展师德教育而言,学校应当将师德教育融入校园文化建设,依托新教师就职宣誓仪式和老教师荣誉退休仪式,增强青年教师的责任感、使命感和荣誉感、仪式感。同时要结合社会服务活动来开展师德教育,鼓励教师参加调查研究、学习考察、临时培训、志愿服务等实践活动,切实提高师德教育效果。

其次,健全师德考核机制。将师德考核的指标内容纳入学校年度对教师的考核体系中。根据青年教师的日常表现,结合其他教师和学生的综合评价以及自评进行综合评定,对违反师德现象实行"零容忍",将师德考核不合格者的考核结果存入教师档案。

第三节 学科教师发展的问题与思想政治教育引导

一、学科教师发展的相关问题

学科教师专业知识的发展是教师专业发展的重要组成部分。研究学科教师专业知识的发展对提升教学质量有着直接的影响。一般来说,学科教师专业知识发展的研究可以分为多个课题进行研究。学术界认为,目前亟待研究的课题有以下几点。

(一)学科教师的专业知识发展观研究

了解学科教师的专业知识发展观对学科教师专业发展具有基础性指导意义。同样的师范教育培养出来的教师后来发展不一样,有前期学习结果不同的差别,也有后期自主发展的不同。那么,研究学科教师专业知识发展观,比较优秀学科教师与一般学科教师专业发展观方面的不同,对于扭转教师专业发展观念,形成良好的专业知识发展观具有重要意义。平时的知识积累、经验反思等可能都是不起眼的专业发展途径。目前初步了解发现,教师专业发展观念单薄,缺少发展意向,缺乏原动力,教师都是在

"加分"或"必须参加，否则继续学习分或进修分不够"的强制下"被迫"参加的一些培训活动。是他们感到不需要？是不思进取，还是培训内容不适合他们？这就需要通过调查了解弄清的。一个缺乏专业发展意向的教师是难以进步的。教师囿于原有知识领域、故步自封、不思进取，就难以跟上教育发展的步伐。因此，关于如何树立学科教师专业知识发展观的研究具有重要的现实意义。

（二）各学科教师专业知识状况的调查分析研究

只有了解学科教师专业知识水平的现状，了解各学科教师目前的专业理念和专业能力，以及各学科教师专业知识储备和预期情况，才能更科学地指出发展方向，进而引导学科教师不断丰富自己的专业知识，做好教育工作。当然，在引导学科教师提升专业知识水平之前，必须要做好调查工作。我们首先要了解当前，教师在教学过程中存在哪些问题，在哪些方面较为吃力，才能由此推论出教师缺乏哪方面的专业知识，并有针对性地安排教师进行进修活动。各个学校由于办学目的、办学档次各有不同，因此每个学校应当根据本校自身情况，进行内部调研，并制订符合本校发展目标的教师专业知识发展计划。

诚如莱因哈特和史密斯（1985）所指出的："令人惊讶的是探索教师所使用和所需要的学科技能的类型和水平的研究寥寥无几。除了少数几例外，对教师学科知识（水平、组织和理解）的探讨只是被侧面提及而没有做专门的研究。"现在情况也没有太大的进展。教师对学科知识的理解水平怎样，对某个学科内容的教学知识了解多少，这是我们所缺乏的。我们需要这方面的实证研究。

（三）学科教师专业知识标准的研究

学科教师专业知识的标准尽管是相对固定的，但并不意味着不可变化。事实上，学科教师专业知识标准是具有时效性的。随着课程背景发生改变，学科教师对专业知识的需求也会发生改变。如数学教师，在之前的教学标准中并不需要教师对球面几何的科学知识进行教学，但是在新的课程之中加入了这方面的内容，这就需要现代的数学教师要掌握这方面的知识。同样，教师内容与知识方面，在之前的教学理念之中缺少了培养学生自主学习能力的教学内容，但是现在的教学模式倡导培养学生的自主学习能力，那么教师就应该在教学内容方面去多研究这方面的内容和教学策略。在概念教学方面，之前并不关注教学概念是如何形成的，对于概念引出的原因和教学概念的作用以及教学概念的必要性都从来没有重视，但是现代教育要求教师关注教学的过程，注重过程性教学，这就需要教师要掌握教学概念方面的知识内容。

总之，学科教师专业知识标准与学科课程标准密切相关。只有达到专业知识标准才能进行课程标准的教学。所以，我们亟须学科教师专业知识标准的研究和制订。标准研究应该具有前瞻性和实效性。就学科知识而言，有知识范围界定，有知识理解要求，有对知识的教学法理解。关于学科知识的教学内容知识，是独立存在的，还是一般教学法知识临时应用在学科知识的教学处理上？我们认为两者都有。

（四）学科教师专业知识的微观分析研究

有研究表明，在专业知识中，教学和教学知识内容对专业知识影响最大，所以我们就要对教师的教学内容进行细致的研究和分析。在研究的过程中，我们要将具体的学科知识和教师关于学科知识进行设置的教学内容知识进行相互结合，如数学学科，可以针对函数概念或极限概念这些重要的概念，去研究数学教师关于这些概念的教学内容知识，具体可以采用课堂观察、深度访谈等研究方法。通过这些微观研究，可以了解一类教师的教学内容知识情况，为其专业知识发展找到方向。这方面的研究国内非常缺乏。这既与国内研究风格有关，也与人们看待研究的视角有关，教育研究者不看重这些微观研究，研究成果难以全面扎实。

（五）学科教师专业知识内容结构分析

各学科教师专业知识结构体系研究是依据教师专业知识理论分类（学科知识、教学知识、教育学知识）对学科教师专业知识具体化的针对性研究，更具有现实指导意义。这种研究的优势在于能够将各种专业知识点进行细化归类。例如，当我们要研究数学教师专业知识结构体系时，可以从研究数学学科的特殊性和数学教学的特殊性入手，进而总结出数学教师专业知识的基本特点，并找出数学教学与其他学科教学之间的异同点。在这一分析过程中，如何进行数学学科的教学，怎样培养学生的数学思维等问题的答案便会自然浮现出来。弄清学科教师专业知识结构构成，对学科教师需要什么样的知识、学科教师现在具有什么样的知识以及学科教师应如何发展他们的专业知识的研究以及科学认识各学科教师专业知识结构具有重要的理论价值，对确定未来各学科教师专业发展培训内容和途径具有重要的借鉴价值，对职前教师培养和职后教师培训都有重要的指导作用。

在研究学科教师专业知识结构时，首先要勾勒出各个学科教师专业知识结构的基本框架。这一过程可以在一定程度上借鉴一般教师专业知识分类标准。在此基础上，再展开专业知识结构的研究就会相对容易。埃尔伯兹提出，教师需要拥有学科知识、课程知识、教学知识以及自身的知识；舒尔曼将教师的知识分为七种，分别是：一般性教学知识、教学内容知识、学科内容的知识、课程的知识、学习目标和价值以及它们的哲学和历史基础知识、学习者以及学习者特点的基础知识、教育目标以及教育环境的知识。其次，再与教育的学科特点相互结合，将教师的学科以及专业知识结构进行构建。例如，布罗姆便为数学这门学科提出了更为具体的分类，他将数学教师所需要掌握的专业知识划分成为五种，分别是：（1）学校数学知识，学校数学知识具有其自己的逻辑性并自成体系，它不仅仅只是大学所传授的数学知识的基础与简化；（2）数学是一门科学知识，其本身具有数学命题、数学思维方式、数学法则以及数学方法；（3）学校数学哲学，学校数学哲学是指与数学有关的数学学习认识论基础和数学与人类其他生活知识领域之间的联系以及思想；（4）一般性教学以及心理学的知识，指的是教师与学生之间在课堂之上有关于教学的沟通交流，与学校中的其他科目有共通性；（5）特定学科内容的教学知识，也就是舒尔曼所提到的"教学内容的知识"。最后，对每个学科的教师进行详细的专业知识分析，将分析结果与该学科的特性相互结合，对学科教师专业知识内容体系进行确认。即对学科教师专业知识的子成分进行详细而具体的研究，如学科知识、教学内容知识等。例如，要将教学内容的知识要与数学学科知识以及数学教学的特点结合之后再进行研究，又比如在数学教学的课堂之中要如何对学生的情感和价值观进行教育，怎样培养学生的理性精神等。

（六）学科教师专业知识发展的方法、途径与策略研究

对于这一问题的研究，首要的问题是弄清教师专业知识的来源。一般

认为，中小学学习经历、师范教育（职前培训）、在职培训和教学经验是教师专业知识的主要来源。然而，此类来源对教师知识发展影响的结论是缺乏一致性的，而对于不同来源而言则缺乏完整性。例如，在研究每一种来源对教师知识发展的影响程度这一问题时，研究者往往会得到不同的结论。因此这样的研究不具备比较价值。所以，我们必须探索研究教师专业知识发展的途径、方法和策略的系统方法，进而获得更为全面的研究结果。

教师是如何发展他们的专业知识的？大多数研究局限于教师职业生涯中的一个特定时期，通常是他们的职前培训阶段，或是他们在进入教学职业后的最初几年，而教师如何在其整个职业生涯中发展他们的知识仍旧不甚清楚。学科教师专业知识该怎样发展？综合前面的研究，明确学科教师专业知识发展内容、途径和策略的意义是重大的，也是一个急迫的问题。

二、学科教师发展的思想政治教育引导

（一）强化青年教师政治理论学习

掌握马克思主义的理论精髓，就是始终站在群众立场上。人民群众是历史的创造者。人民群众既是物质财富和精神财富的创造者，也是推动社会变革和历史发展的根本力量。因此，群众路线已成为我们党的生命线和根本工作方法。一切为了群众，一切依靠群众，从群众中来，到群众中去，站在群众的立场思考问题，是马克思主义的根本立场，也是中国共产党全心全意为人民服务的基础。

马克思主义理论的精髓在于坚持实践。实践是人们为了满足一定的需要而积极探索和改造世界的活动。它是人们认识和改造世界的力量和源泉。这也是马克思主义哲学的基本观点。首先，坚持实践的观点不仅是马克思主义首要的基本观点，也是青年教师保持做人的根本准则。青年教师必须始终坚持理论与实践相结合，树立正确的世界观。青年教师要实现个人价值，在平凡而伟大的教育事业中做出自己应有的贡献，一方面需要有正确的思想指导，另一方面需要脚踏实地付出实际行动和努力。青年教师只有树立正确的实践观念，勇于实践，真正做到树立坚定的理想信念，具

备高尚的道德情操，打下厚实的理论功底，掌握扎实的专业知识与教学本领，学以致用，传道授业解惑，必然能实现人生价值。其次，在实践中，勇于创新，既是青年教师鲜明的特点和宝贵的素质，也是青年教师成长发展的基本要求。青年教师有着更高的创造力和更加强烈的创造精神，且充满活力和干劲，是推动我国社会教育事业发展的重要力量。只有广大青年教师积极投身教育事业，将自己的创造力和创新精神奉献给祖国的教育事业，才能真正推动祖国教育事业的发展实现质的飞跃。

我们在进行社会主义实践探索的时候，就要一切从实际出发，理论联系实际，从中国国情出发，走出一条中国特色社会主义道路。群众路线就是把马克思列宁主义坚持的人民群众的立场运用到社会主义建设中来，"在我党的一切实际工作中，凡属正确的领导，必须是从群众中来，到群众中去。"习近平强调，"群众路线是我们党的生命线和根本工作路线"。独立自主是"中华民族的优良传统，是中国共产党、中华人民共和国立党立国的重要原则""不论过去、现在和将来，我们都要把国家和民族发展放在自己力量的基点上，坚持民族自尊心和自信心，坚定不移走自己的路"。

加强习近平新时代中国特色社会主义思想的教育，核心是中国梦的学习教育。中国梦是中华民族在新的历史时期承担的两大历史使命和任务的继承和发展。中华民族凝聚力是中华民族新的时代内涵和精神源泉。我们要认真研究中国梦的思想，深刻而深入地学习，在准确把握中国梦精神实质的过程中拓展我们的认知。

加强青年教师中国梦的宣传教育，要用中国梦凝聚青年教师的创造力。实现中国梦，必须凝聚中国力量。凝聚中国的力量，就是要团结全国各族人民。只有全国各民族人民紧紧地团结在一起，才有足够的力量发展自己、壮大自己、抵御外部侵扰。然而，中国梦的实现是需要付出艰辛和努力的，只有每一位中华民族的同胞都产生强烈的复兴中华民族意识，并将浓厚的爱国主义情怀和强烈的社会责任意识贯穿自己的工作生活当中，才能真正推动国家的大发展。尽管经过多年的努力，我们已经离中国梦的实现越来越近，但不可否认的是，目前的国际形势日益严峻，国际关系日益复杂，我国要面对和解决的问题依然有很多。加强对青年教师的中国梦宣传教育，不仅能够提升我国教师队伍建设的整体素质，更能够推动当代青年精神文明的发展，为培养有理想、有担当、有能力的下一代国家建设者奠定基础。只有当教师队伍能够深刻地理解中国特色社会主义和中国梦思想，才能真正推动中国特色社会主义和中国梦思想深入人心，进而实现社会主义核心价值观的普及和中华民族优秀传统文化的再发展，对推动我国教育事业发展和社会文化发展具有不可忽视的意义。

（二）开展青年教师形势政策教育

1. 开展党情学习活动

组织青年教师开展党情学习的内容不仅包括党的理论、党的革命史、党的发展史和党章党规党纪等党的基本知识，还应包括新时代党的路线、方针、政策和重大战略部署，尤其要深入学习习近平新时代中国特色社会主义思想。

深刻把握党情中的不变与变。党的性质、宗旨、纲领和执政地位不变，党的阶级基础、组织运行结构和党的执政要求变了。中国共产党的性质不变，依然是中国工人阶级的先锋队，是中国人民和中华民族的先锋队。中国共产党实现共产主义的纲领不变，依然坚定不移高举中国特色社会主义伟大旗帜。但是随着社会主义市场经济的发展，社会分工的逐渐精细化，党的组织结构逐渐呈现复合型特点，党员成分和职业的多元化，党员流动性增强、农村基层党组织运转失灵等问题的出现，使得党的组织运行结构和功能发挥发生了改变。我国相对发展起来以后进入"表达诉求、矛盾多发、攻坚克难"这一新的历史时期，遭遇更多新的难题，打这块"硬铁"需要中国共产党自身更"硬"，对执政党的执政水平和能力要求更高了。

2. 开展国情学习活动

所谓"国情"，即指一个国家相对稳定的总体客观和实际情况，是指对经济发展起决定性作用的最基本、最主要的启动和限制因素。它往往决定一个国家长期发展的基本特征和轮廓。青年教师只有学习国情，才能了解和立足国情，才能真正投身于建设中国特色社会主义事业，才能理性、全面地思考和分析社会问题。

社会主义初级阶段是一个长期性与阶段性统一的发展过程。尽管社会主义初级阶段的基本国情没有改变，但在不同时期，基本国情的内涵、奋斗目标和发展战略都存在不断发展变化的现象。党的十九大报告中提到了"变"与"不变",即"中国特色社会主义进入新时代,我国社会主要矛盾已经转化为人民日益增长的美好生活需要和不平衡不充分的发展之间的矛盾"。但是"社会主义初级阶段的基本国情没有变""我国是世界最大发展中国家的国际地位没有变",进一步深化了对社会主义初级阶段的认识。

就国内现状而言,我国发展正处于重要的战略机遇期,前景远大,挑战严峻。总体上讲,我国社会生产力水平已经得到了显著提高,社会生产能力在许多方面进入世界先进水平。但依然存在不少亟待解决的问题,较为突出的问题主要为,发展不平衡、不充分。这也对教育事业的发展提出了更多的新要求。我们要在继续推动发展的基础上,全面深化改革开放、坚定贯彻创新、协调、绿色、开放、共享的新发展理念,构建系统完备、科学规范、运行有效的制度体系,决胜全面建成小康社会。

3. 开展世情学习活动

整体来看,当代世界和平与发展的两大主题没有改变。并呈现出政治格局多极化,经济全球化,科学技术迅猛发展,恐怖主义威胁不断上升等特点。但当前世界形势也在各个领域发生着不可忽视的变化,这些变化尽管没有对世界格局产生明显的影响,但却对中国的发展影响深远。首先,地缘政治格局和大国关系发生深刻变化。我国发展成为世界第二大经济体后,日益走近世界舞台中央,我国和各大国关系在党的十八大以来也发生重大变化,形成一条中国特色的大国外交道路。另外,我国和周边国家关系也在调整,体现我国独立自主和平外交思想。其次,世界金融危机后,经济发展深度转型。国际经济竞争主动权的争夺更加激烈,迫使我国扩大内需、提高创新能力、促进经济发展方式转变。再次,科技革命影响力加强。"科学技术是第一生产力",再没有什么时代能像今天这样阐释这句话了,创新是引领发展的第一动力。当今世界新科技革命加速带动产业变革,深刻影响着世界经济结构和竞争格局,将对世界经济结构进行调整和重塑。我国战略性的提出建设创新国家,实施创新驱动发展战略,大力推进经济发展方式转变和经济结构调整。最后,不稳定因素发酵。恐怖主义威胁上升,局部战争不断,生态环境恶化等不稳定因素对全世界各国人民都有深刻影响。

第四节 教师发展与学习质量

一、教师发展的重要切入点

对于任何一位教师而言，他们从工作实践中获取的最宝贵的人生财富，一定是他们的教学经历。毫无疑问，教学的过程本身就是对教师职业发展进行培养的过程。当然，如果教师在教学过程中遇到困难，而自己无法通过实践来解决，或者遇到职业上升过程中的瓶颈期，那么仅仅靠教学实践的经历是无法满足教师急需的经验和知识的，此时就需要通过特定的培训来帮助教师进行职业发展。因此，教师发展是一个合作发展与独立发展相结合的过程。教师的发展出了要依靠自身努力外，还需要借助校内外环境。同时，无论是正式的培训还是非正式的培养，都会对教师的职业发展产生重要影响。

假定大多数教师的发展都是基于校本的，我们认为需要注意以下四个方面。

第一，必须认识到教师发展对于学校发展的必要性。换言之，如果教师不能发展其知识和技能，那么学校也就无法得到发展。但仅相信教师能够发展是不够的，即便很多教师已经在教学中实践多年。教师的学习要有计划性，并且还要联系并反映学校发展的优先事项。教师发展既要系统化，又要密切联系学校本身的发展计划。

第二，每所学校都应该有自己的教师发展政策，包括：关注学校的需求，通过教师评价来联系个人需求与整体需求，赋予每个教师专业发展的权力，建立并维护教师传播他们新知识与技能的网络，协调校外课程的信息沟通，反思教师培训时段设计并评价其相关性和有效性，确保将教师发展纳入学校财政和校历。如果没有一个精心组织调控的、积极的专业学习政策，教师的发展是无法与学校改进相结合的。

第三，尽管教师发展包括很多的方面和要求，从根本上讲，一个教师发展项目的首要目标是提高学生的学习质量。鉴于此，教师发展应以课堂教学为中心。教师可以观察其他同事的教学，观察教学方法对学习者的影响，从而促进他们的专业发展。同时，教师的发展需求也具有多样性，特别是当他们承担起教学之外的责任时，仍然需要不断培养课堂教学技能。当然，如果教师的发展不能从教与学中取得进步，那么学校整体的办学水平也很难得到提升。

第四，学校是主要的专业学习场所。学校的组织将影响教师之间的相互作用，合作伙伴的选择与合作时间的确定。因此，学校的组织机构就要发挥强有力的影响，决定教师能否与他人一起学习并能互相学习彼此的经验。此外，学校的组织文化也能直接或间接的施加影响，教师能与其他同事分享教学理念、经验，探讨教学中遇到的问题与挫折。如果学校作为一个学习共同体，教师也能向学生学习，那么学校要建立鼓励专业学习的组织结构。

二、推动影响教师发展各项活动的特别举措

学校领导可以采取很多特殊的方案来促进学校教学质量的提高。研究结果表明，学校采取的特别措施与成功教师专业发展之间存在一定的相关。

以下是一些颇具影响力的实践活动。

（1）领导团队要把教师发展与培训置于优先发展地位。这可以通过学校发展计划与教师发展计划中特殊的、有目标的发展来加以认定。

（2）教师发展计划应该建立在对学校需求和教师个人需求的定期分析基础上。

（3）通过指定一名教师专业发展协调人来支持专业发展的事项，以强调该项活动的重要性。当然，该协调人必须经过培训和赋权来承担此任。

（4）教师发展计划的持续性也是非常重要的。确定恰当人选并经过培训都需要时间，而这些能干的人也是最容易流动的。学校必须对此加以考虑并在负责教师发展的核心人员离任前做好相应准备。

（5）教师发展活动所需的资源要合理规划。

（6）教师发展计划和活动的重点要明确为教师的课堂教学实践。政府通常认为是他们的政策提高了教育经验和质量，实际并非如此。进行课堂

教学的是教师而非政策制定者，所以决定学生学习质量的应该是教师。

　　当然，许多学校有时也会适当地展开上述几项活动。但问题是，学校往往很难确保长期坚持上述每项活动。只有学校的领导人真正将促进教师的专业发展纳入学校发展的政策当中，并成立相关工作小组，有序推进教师发展工作的长期开展，才能实现教师发展规模化、秩序化，进而提升学生的学习质量。在此意义上，既需要交易型领导的机制来促进和激励个体发展，也需要变革型领导的模式来鼓励教师把面临的新挑战和面对的新问题看作是潜在的学习机会。学校领导可以考虑采用一些实践措施在学校内创造这样的环境。

　　高效能学校的另一种特征是通过收集和使用相关数据来影响教师的决策。例如要建立良好的监控体系，使之适用于所有的教师。监控体系能通过对学生学习的数据使用和分析来影响教师教学，或者观察教师教学过程并给组织结构以反馈意见。根据监控体系反馈的信息来为个人、整体、班级和年级制定目标，教师通过对目标、期望、方法和结果的定期讨论来参与目标制定的过程。总之，我们认为，学校领导明确了自己和高层领导团队在教师专业发展方面所承担的责任之后，学校各层面的教师发展才能得以推进。因此，必须了解并推进有关教师发展的所有环节，例如恰当的新教师的入职培训、有经验的教师的聘任、积极的教师指导、校本教师培训。

　　总之，这些活动能够确保学校成为一个开放的组织，每个人都了解自己和他人所起的作用，承担的责任和获取的成就。学校成员拒绝将课堂变为私人场所，即教师关上门后可以因循同样的教学方式，课复一课，年复一年地进行教学，没有任何的改变。相反，课堂应是同事之间可以互相观摩的地方，教师和其同事都能获得发展。在此意义上，课堂成为教师和学生学习的中心，教学方法在校内同事间自然地相互学习和传播。

第二章　国内外教师培养区别及策略

本章将分别从国外教师教育专业标准及培养、中国教师培养的专业设置、中国教师培养策略三方面入手，对国内外教师培养的区别及策略进行分析和探讨。

第一节　国外教师教育专业标准及培养

一、国外教师专业标准的解读

教师专业标准为教师专业化发展指明了方向，教师标准的制定能够直接反映出教师专业化发展的现阶段特征，并为教师个人的职业发展规划提出参考，进而在帮助教师进行自我职业规划的同时，提升自己的职业能力，并实现自己的职业抱负。

发达国家的教师专业标准通常分得比较细，从教师培养阶段来分，可分为师范生（准教师）标准、新教师标准和优秀教师标准；从教师发展层次来分，可分为普通教师标准和校长标准；从标准制定层面来分，可分为国家层面的教师专业标准和地方级层面的教师专业标准（表2-1-1）。

表 2-1-1　发达国家的教师专业标准分类

	美国	英国	澳大利亚
教师培养阶段	初任教师/优秀教师专业标准，学科和学生年龄段结合的标准，幼儿、小学、初中、高中、职业技术各学科教师专业标准	合格教师专业标准/新入职教师专业标准/资深教师专业标准/高技能教师专业标准/优秀教师专业标准	毕业教师/熟练教师/娴熟教师/主导教师
教师发展层次	普通教师/校长专业标准	普通教师/校长专业标准	普通教师/校长专业标准
标准制定层面	州层面/国家层面标准		州、地方/国家

下面将主要以美国、英国、澳大利亚这3个发达国家的普通教师专业标准和校长专业标准为例，对这三个国家的教师专业标准进行分析，总结各个国家教师专业标准的特色。对这三个国家教师专业标准的分析，能够帮助我们打开视野，对我国教师专业发展的现状进行更为深入的探讨，并认识到目前我国教师发展过程中存在的问题，也为我国教师教育在当前的"互联网+"环境下如何进一步发展和实施相应变革提供可借鉴的范例。

美国是最早制定教师专业标准的国家之一，并且拥有最为全面最详细的标准体系。美国不仅有着教师专业的国家标准，而且有州一级的教师标准：国家一级的标准涵盖面更广，更宏观，州一级的标准更具针对性，更符合各个州的特点。同时，美国所有州的标准很大程度上是根据国家标准制定的，所有州教育部门都鼓励教师在州和国家级别申请双重认证。

英国教师专业标准注重教师的专业和教育能力，教师与他人沟通的能力，教师的个人专业发展以及教师的反思和团队合作能力的重要性。它的另一个特色在于，在教师专业发展的各个阶段都制定了标准，具有持续性、进步性的特点，包括合格教师的专业标准、新教师的专业标准和高级教师的专业标准。同时还设立了高技能教师专业标准以及优秀教师专业标准，为教师提供了规划其职业发展的框架。这些特征都是值得我们国家学习的。

澳大利亚国家教师专业标准规定了教师专业标准的基本原则，该原则阐明了优质教学与提高学生学习成绩之间的关系，它提倡教学标准必须确保所有人对优质教学有更统一的看法，必须真实反应教学的实际情况；同时，教学标准要能够鼓励教师不断提高自己的专业水平，标准必须反映与之相关的理论知识课程内容以及利用这些知识改善学生学习的方法；需要关注成果，以确保教学水平，教师评估和专业学习紧密相关，必须反映教师从大学到走上岗位的发展情况。在教学阶段的发展过程中，专业经验的连续性和发展，标准必须确保在发生教学行为的每个社会和文化背景下，可以促进，支持，认可和奖励各个方面的高质量教学。

二、美国教师专业标准的解读

美国应该是最早制定教师职业标准的国家之一。这一历史大致可以追溯到19世纪初，当时公立学校运动和教师资格证书制度的建立，为美国教师职业标准奠定了基础。在此基础上，美国政府通过不断审查、改进和完善教师职业标准，确保了教学团队结构的质量。

大体上看，美国教师专业标准的历史可分为三个阶段（表2-1-2）。2000年，国家教师教育认证委员会（NCATE）颁布了《美国国家教师专业教学标准》。《美国国家教师专业教学标准》针对不同教师制定了30套标准，其中已经成文的标准如表2-1-2所示。

表2-1-2 美国教师专业标准的历史

时间	阶段	代表性事件
19世纪初到20世纪50年代	前教师专业标准时代	主要是对美国师范学校办学的最低标准、教育课程的底线要求、教学标准等进行规范
1954-1982年	美国教师专业标准体系建立初期	1954年，NCATE正式宣告成立；1966年，联合国教科文组织和国际劳工组织在《关于教师地位的建议》中倡导教师专业化；1966-1982年，美国一些全国性的学科专业委员会开始制定学科教师专业标准，其中最具代表性的是美国社会学科教师专业标准

续表

时间	阶段	代表性事件
1983—2000年	美国国家教师专业标准的确立与变革期	1983年，美国发布了重要的研究报告《国家在危急中》；1989年，国家专业教学标准委员会发布了具有里程碑意义的文件《教师应当及能够做什么》；1996年，全美教学与美国未来委员会发布《什么最重要：为美国未来而教》的报告，描述了美国21世纪新型的"卓越教师"的形象，强调重新设计教师的专业发展，重建学校，使之成为学生和教师的真正的学习型组织；2000年，国家教师教育认证委员会颁布《美国国家教师专业教学标准》

表2-1-3　《美国国家教师专业教学标准》已成文的标准

阶段	幼儿	小学	初中	高中
综合	√	√	√	√
艺术	√	√	√	√
语文	√	√	√	√
数学		√	√	√
体育	√	√	√	√
科学			√	√
社会			√	√
音乐			√	√
外语	√（不分年龄段）			
职业技术	√（不分年龄段）			
英语作为第二语言	√（不分年龄段）			
图书馆与媒体技术	√（不分年龄段）			
特殊需要	√（不分年龄段）			

这些标准从类别上看有以下几个特点。

（1）充分考虑到了美国现行基础教育教师类别情况与未来可能的变化，既考虑了现实性，又具有前瞻性。

（2）教师标准的设置将美国课程改革所体现的学科独立与跨学科教学相结合，注重跨学科教育和综合素质的培养。如幼儿综合、小学综合、初中综合、高中综合与数学、社会、科学、语言等分科的标准相互协调，同时社会及科学不再分科设立标准培养教师。

这些标准被认为是新上岗教师的认证标准。对教师的评估方式是档案评估和现场教学评估，尽可能全面地考察申请者的教学水准。申请者达到标准后，就可以正式取得教学资格。但是，这种资格不是终身的。教师资格的有效期为10年，之后就需要重新进行资格认证。重新认证标准的类型与聘用标准类似，但是内容和程序不同。

尽管这些专业教学标准有所不同，但教师专业标准的制定充分考虑了学生和教师发展的需要以及专业教学实践的要求。具体内容如下。

（1）教师要对学生的学习负责并给出合理的建议——探索更加有效的教学方法，兼顾集体和个体的学习状况，鼓励学生的学习兴趣，对学生进行监督、引导和评估。

（2）教师要不断地学习、进步，从实践中进行反思，更新自己的知识，不断做出调整，提高自身的教学水平；征求他人的建议以改善自己的教学；参与教育研究，拓展知识面。

（3）教师是学习共同体的成员——同其他专家合作提高学校的教育效果，同家长合作推进教育工作，运用社区的资源与人才。

（4）教师的职责是接受社会的委托，对学生的学习负责，在教学过程中要照顾到学生的个体差异，做到因材施教，公平对待学生，理解学生的发展与学习的方法，教师的使命是开发的学生认知能力。

（5）教师了解学科内容与学科的教学方法——理解学科的知识是如何创造、如何组织、如何同其他领域的知识整合的，能够运用有效的方法把学科内容传递给学生，形成传递知识的多种途径。

三、日本教师专业标准研究

日本的教育发展先后经历了近代化（明治时期）、自由化（大正时期)、军国主义化(昭和战前时期)、民主化(昭和战后时期)和多样化(高度经济成长后期)五个阶段。

由于不同阶段的行政环境不同,日本教育政策的重点在不同的历史时期也有所不同,是一个不断变化发展的过程。无论是哪个历史时期,日本都将教师的专业发展作为教育改革的重点。教师是教学活动的实施者,对教学改革的成功实施影响最大。日本一直在积极推进教育的改革,特别在第二次世界大战后的民主化进程中,对日本教育基本法进行了两次修订。日本教育坚持"机会均等"的原则,在当今多样化的内容和学习需求中,必须依靠教师的行为来确保"平等的教育机会",以便每个学生都有平等的机会接受其能力范围内的教育。因此,日本教育界一直在对欧美国家教师的专业标准进行研究的基础上,不断研究本国教师的专业标准。具体内容如表2-1-4所示。

表2-1-4 日本信州大学的教师专业标准

序号	项目标准	具体内容
1	教学科目内容	教师能够自己实践教学并能创造学习经验,理解中心概念、探索方法、学科领域的结构。这里,学习经验指的是,关于教学科目内容及其相关能够成为对孩子来说有意义的东西
2	孩子的成长	教师能够理解孩子通过怎样的学习来实现成长,并且能够提供帮助孩子实现知性的、社会的、个人的成长学习机会
3	应对学习者的多样性	教师能够理解孩子个体差异所产生的学习方法的差异,并且能够创造应对多样化学习个体的学习指导机会
4	教学方法	教师能够理解并应用批判性思维和相关实践技能解决问题,并且促使孩子成长的各种学习指导方法

续表

序号	项目标准	具体内容
5	学习环境、学习信息	教师能够基于对于个人以及小组团队的动机、态度的理解，专心致力于发挥社会的积极相互作用，从而让学习变得积极充实，并能创造促使形成自我良好动机的学习环境
6	交流	教师为了能够促进教室内教学活动的积极探究、互动、共同合作的相互作用，需要使用富有教学效果的语言、非语言、多媒体交流技术
7	指导计划	教师能够基于教学科目的内容、孩子、地区社会、教学目标等相关知识进行学习指导规划
8	评价	教师为了能够保证对学习者知性的、社会的、个人主体的持续发展的评价，能够理解和运用形式的或非形式的评价方法
9	自我反思和专业发展	教师是自我选择、并通过其行为影响他人（孩子、监护人、在学习交流中心的其他专家），对其行为所产生的效果进行持续不断的评价的反思型实践家，并且积极谋求一切专业发展机会
10	共同合作	教师应该成为孩子学习和幸福的支持者，促进和监护人，以及与比监护人更加广泛意义上的相关机构的交流
11	灵活应用信息技术	教师能够在教学过程中运用电脑、多媒体等信息技术指导学习，并通过灵活应用电脑和网络完成和执行各种校务

续表

序号	项目标准	具体内容
12	伦理观	教师能够理解学习者及其地域多样性的文化背景，具有尊重人权、个人信息、知识产权的处理方法等相关知识，并能将其运用在实际的教学实践中
13	同事关系	对于年级、学校的各种课题，教师能够在自己所属教师团队中最大限度地贡献自己的力量，同时能够游刃有余地处理好同事之间的关系

以信州大学为例。该大学的教师专业标准体现在教师专业素养、专业知识和能力、对知识的专业理解以及社会性四个方面。信州大学教师的专业标准更注重教师与学生和社会的互动，将其作为教师专业发展的重点。这一理念是过去其他国家所不重视的。另外，这套信州大学专业教学标准具有以下特点。

（1）新标准还建议将自我评估和自我反思能力作为一种教学技能。将教师专业能力和职业发展看作是一个不断发展的过程。在课堂实践中，必须通过绝对评价、相对评价和自我反思来不断促进自我专业发展。专业能力的发展可以提高教师的教学能力，从而确保教师顺利完成教学任务，使学生实现自身的整体发展。

（2）信州大学的以教师职业标准以"教师对人的成长和发展具有深刻的理解"为宗旨，这一标准强调教学要以学生为中心。教师通过各种课堂活动，启发学生的学习兴趣，教学方式要照顾到学生的差异。教师并不是传播知识的主体，而是一个引导者和启发者，根据不同的课程扮演不同的角色，激发学生的学习意愿，指导学生进行自主学习，从而帮助学生实现相应的学习目标。每个人都有创造和发展内在价值的机会，而教育活动的发展是基于尊重学习者个人内在价值发展的机会。教育不仅是一项工作，也是一门艺术。教育过程必须充分参与思想活动，及时与受教育者沟通，并能够移情，以帮助受教育者实现自身的内部发展。在学习需求多样化的时代，这无疑对教师的专业发展提出了更高的要求。

（3）信州大学的教师专业标准还提出了教师必须要有高尚的道德追求。同时，信州大学首先引入了教师与同事之间的关系作为标准之一。教师不仅是职业的知识传播者，而且是社会群体中的一员。教师在课堂上需要具备一定的社交能力，才能对学生产生影响里。教师与同事之间的关系体现出教师的品德和素养，能够影响到他们的教学效果。在关于教师与同事之间关系的调查中，大多数在职教师表示，他们的专业发展得益于同事的帮助。因此，能够与他人和谐相处，保持谦虚有礼的品格，才能在工作中不断进步。

四、英国合格教师专业标准解读

英国对专业教育工作者的能力水平有着明确的要求。这一点可以从《英国合格教师专业标准》中看出来。该标准是由英国教师标准局和英国师资培训署在2002年共同颁布的一项重要文件，其核心内容包括以下三部分。

（1）知识和理解。它要求新入职的合格教师在他们所教的学科中具备自信心和权威性，把握学生的进步，明确自己所要获得的知识。

（2）专业的价值观和实践。它规定了教师应具备的态度和应承担的义务。

（3）教学。它涉及教师计划、监控、评估的技能，以及教学管理和班级管理等内容。

英国合格教师专业标准对我国的教师教育而言有以下值得借鉴之处。

第一，英国的《合格教师专业标准》对新时代的教师质量有非常详细的要求，从教学态度到价值观到教学过程和教学水平都有涉及，有全体教师行业的统一标准，也有特定专业教师的相关要求。由于这些要求非常明确和具体，因此培训教师的过程非常灵活。各地教师在制定自己的教师专业标准的同时需要参考该标准。

第二，英国合格教师的专业标准是由英国教师标准局和英国教师培训局共同提出的。一个是监督部门，另一个是培训机构。后者的资格和培训质量必须由前者检查和监督。如果结果令人满意，就有可能获得用于教师培训的资金，并确保将来进入中小学的教师的素质很高。这种用于培训和评估的分散管理机制也值得我们调查和参考。

第三，教师的教学技能的掌握和发展主要来自实践。教师除了需要学习各种理论知识外，还需要参加各种实践，并注重个人品德和师德的塑造。教师需要更具体、更可行的培养模式。在课堂学习和其他培训方法的基础上，可以采用讨论和案例分析的方法来帮助教师提高他们在教学中解决问题的能力。为了响应《英国合格教师的专业标准》，英国官方也对教师培训提出了要求，特别注重以实践为导向的培训。

五、澳大利亚《全国教师专业标准》

澳大利亚联邦政府在2010年3月8日正式公布了新的《全国教师专业标准》。

《全国教师专业标准》的作用主要体现在以下几个方面。

（1）为教师质量提供全国性基准。针对不同地区对教师质量有着不同的衡量标准的现状，《全国教师专业标准》试图有效解决这些差异，以排除地区间教师流动的障碍，促进国内教师朝着高质量、高素质的方向发展。

（2）促进高质量的教学。标准的制定是保证职业质量的必要条件，各州使用国家教师专业标准作为制定教师发展计划和教学课堂设计的基准。国家教师专业标准包含了专业知识水平要求、专业实践能力、职业发展规划等方面，使学生有了明确的学习目标，使相关人员对不同地区有效教学实践有了统一的认识，对高质量教学也有了统一的标准。

（3）建立统一的教师资格认证和注册制度。新标准为教师、教师培训机构、专业协会和公众之间的提供了一种对话的可能。它还为职前教师课程认证、新教师注册、教师成就奖励以及教师职业的更高专业技能认证提供了统一、全面、公开的国家标准。

（4）提升教师的专业水平和职业成就。在全球化时代职业的灵活性这一背景下，结合现代人终身学习的趋势，《全国教师专业标准》设立了能够激励教师成就动机的专业发展阶段体系,并鼓励教师灵活出入教师行业,以吸收优秀人才加入教师行业,激励教师能够不断反思教学工作,规划自身的职业生涯,明确专业学习的目标。

全国的评估体系加强联邦与各州和地区在教师质量方面的合作。具体内容如表2-1-5。

表2-1-5 澳大利亚《全国教师专业标准》框架

领域	基本要求	不同专业发展阶段的特别要求			
		毕业教师	熟练教师	娴熟教师	主导教师
专业	利用专业知识对教育环境和学生个体需求的变化做出回应:了解学生,包括学生的社会、文化、种族、宗教背景和特殊学习需求;熟悉学生各发展阶段的身体、智力和情绪特征;理解并尊重在学校、家庭和社区之间建立密切关系的重要性	能够达到注册教师的所有要求,具有成为专业学习者的愿望,并以学习者的姿态来期望学生	能够展示过硬的专业知识、成功的教学实践及有效的专业发展。他们能够达到基本专业标准	拥有并不断完善教学内容、教学法和有关学生方面的知识	掌握所教学科的知识内容、教学法,了解影响学生学习的各项因素,并应用这些知识来改进教学与学习质量的杰出教师

续表

领域	基本要求	不同专业发展阶段的特别要求			
		毕业教师	熟练教师	娴熟教师	主导教师
专业实践	能够创造一种尊重学习的氛围；能够为学生创设一个安全、富有吸引力和挑战性的学习环境；能够在整个教学、学习周期的各阶段游刃有余；制订学习与评估规划、制订学习计划、教学、评估、提供学生学习反馈、向家长或监护人汇报学生学习等；擅长使用大量教学策略和资源让学生的学习结果最大化；必须能够对学生学习成绩做出分析，并使用成绩来评估和改进教学实践			能将专业知识应用于实践，从而使学习结果最大化	拥有影响他人改进教学实践的专业和个体特质

续表

领域	基本要求	不同专业发展阶段的特别要求			
		毕业教师	熟练教师	娴熟教师	主导教师
专业发展	能够不断反思、评估和提高专业知识及实践能力；要积极投身于个体和同行组织的各项专业学习中，以支持、提高自身的专业知识与实践能力；必须为学校、社区和教师职业做出贡献，为学生和同行的学习与幸福提供支持	拥有献身精神、热情和人际沟通能力，在学校及广泛的社区中能够发挥专业作用，并为学校整体运行做出贡献	是专业团体的成员，能够与同行、学生及家长有效互动	知道如何与同行、家长及社区团体合作，如何吸引他们参与并支持学生的学习及健康；能够对专业团体做出积极贡献	能够成功开展些有助于教学与学习质量提高、学校和专业团体的健康发展的创新计划；能够促进建立并保持富有成效的专业关系

第二节　中国教师培养的专业设置

一、中国教师培养专业设置的现状

目前，我国中小学教师培训机构以师范院校为主，其仍采取相对封闭的师范教育培养模式。这种以培养合格中小学教师为目标的封闭式教师培养模式，在培养未来中小学教师的学科知识、专业知识和教学技能、职业道德教育与规范等方面，均表现出一定的优势。然而，这一教师培养的模式也存在一定的弊端，随着我国教育事业不断发展，人们对教师队伍素质的要求日益提高，在这种社会环境下，原有教师培养模式的弊端也逐渐暴露出来。首先，原有培训模式主要为封闭式培训。尽管能够将中小学教师在短期内集中在一起，要求他们进行集中学习。但目前依然存在课程设置与教材开发统一度不高、办学理念狭隘，办学体制封闭等问题。广大青年教师在这段时间内，仅仅是完成了理论学习及应付考核的任务，并不能切实提升自己的教学能力和专业能力。

中小学的技术教师不仅具有通识教育和理论知识、技术专长，而且要具备技术操作的专业技能。中小学技术教师的技术操作技能培训与相关技术设备和仪器的支持密不可分。目前，我国的普通高校无法满足该领域的设备需求，而综合性大学由于其专业框架的不同，可以满足中小学技术教师培训所需的设备，实习设施和其他硬件要求。培训不仅应限于师范院校，还应跳出封闭的师范院校，转向开放和多元化的培训模式。

（一）由综合大学开设专门的教师教育专业

由于综合大学通常不承担师资培训的任务，因此综合大学缺乏师资培训的文化氛围。因此，在综合性大学中建立专业的教师培训课程和对中小学技术教师进行培训应侧重于讲授技术教学方法和提高通识教育以及文化能力。系统地建立教师教育专业的基本目的是培训能够满足当今中小学教育需求的教师。尽管技术操作技能对教师非常重要，但技术操作并不是中小学教育的重点，因此教师理论教学和专业知识的培养是十分重要的。

为了最大限度提升教师教育的水平，相关教育工作者可以促进综合大学与同一地区内中小学校的合作与交流，为中小学教师的职业发展和个人成长提供更多的机会。

（二）由师范院校联合其他机构合作开设专门的教师教育专业

作为中国中小学技术教师的一部分，中小学信息技术教师的职业培训是由教育技术专业进行的。目前，中国大多数的教育技术专业是在教育科学学院（如南京师范大学）、物理学院（如河南师范大学），还有一些是新闻与传播学院（如陕西师范大学大学）。这些学院设有专门的技术实验室，相对完整和先进的教育技术设备。因此，可以考虑在同一所学院同时拥有教师培训专业和教育技术专业。可以充分利用教育技术专业的现有设备以及物理学院的实验设备，以充分利用教育资源。另一方面，接受过教师专业培训的中小学技术教师需要拥有先进的现代教育技术，才能满足基础和中学技术教育对现代先进技术的实际需求。

美国和英国建立了大学与中小学的合作渠道，这种方式值得借鉴，有必要加强普通学校与中小学之间的合作，以便普通学校能够取得实际教育成果。充分利用中小学促进教师培训和教学实践技能的发展。

（三）专业设置的综合化发展

1. 专业设置综合化是高等教育发展的趋势

我国高师本科的基础教育的目的是培养中学和同级别的教师。我国的中学分为初中和高中，初中是单独建立的，与小学和高中不同校。因此初中和高中教师的培养模式不同。在新时代，在传统师范学院之后对初中教师进行培训已不再现实。但是，当前的基础教育模式并不专注于中学教师的培训。当前的高师本科只培养中学老师，对初中教师和高中教师并没有进行明确的区分。教师实习时，有些被分配到初中，有些被分配到高中。教师培养的定位不明确，教师培养模式只是根据所学的科目细分，而不是将来工作所面对的群体，因此有些学生不能进行有目的的学习，学生又要能胜任初中教学，又要能胜任高中教学，还要有其他综合类大学的学术性。高师的专业环境是基于长期计划经济体制和旧的教育模式。它主要侧重于使学生毕业后能够胜任特定学科，并且仅限于基础知识和指导。通常，中国的大学倾向于将重点放在中学教师的培训上，而专业环境通常取决于中学课程的状况。专业设置大约有幼儿教育、教育管理，教育学、心理学、思想政治教育、汉语和文学教育、历史课、英语课、数学课、计算机科学课、物理课、化学课、生物学、地理学、教育技术课、音乐课、艺术课、体育课、运动训练等。当然，它还包括一些新开设的非教师专业：新闻学、编辑、法律、应用数学、经济学、生物技术。但是，师范大学的主要本科学院仍然为教师提供专业课程。一些刚刚升为本科的院校有权建立普通的本科课程，还不具有办非师范本科专业的实力。

2. 我国高师本科院校专业设置的改革

在我国，高校的专业设置是高校教育的基本架构。高校的学科以服务社会为宗旨，由专业机构作为载体实施。传统高师本科基本上只有一种类型，那就是师资培训，师资培训必须兼顾学科和教育两方面。随着教师专业化的加速，学科与教育混合的方式被打破。1995年12月12日，国务院发布《教师资格条例》，规定教师资格如下：幼儿园、小学、中学、高中、大学、高等学校、职业学校文化课程，职业教师资格等。2000年9月23日发布的该条例的实施。

在此基础上，我们可以将教师培训专业划分为不同的类别，例如幼儿园、小学、中学和高中。在具体课程中，可以根据参加培训的教师的教学水平进一步细分。例如，初中教育可以分为数学、语文等方向，颁发的文凭可以分为初中数学、初中语文等类别。专业设置要结合高师本科的招生制度、培养目标，要与中学教育学制相配套。在不同地区，学龄人口的基本状况、总入学率、师生比例和中小学专任教师的合格率有一定的差异。因此，各地区本科院校的培训任务和专业框架条件是不同的，培养模式也应有所不同。

二、专业设置存在的问题

（一）通识课程设置存在的问题

通过我国几所师范院校的通识课程来分析我国教师教育通识课程设置的现状及问题。

1. 通识课程占比例大，学生选择权力小

就我国教师教育目前状况来看，绝大多数高校中，通识类课程的占比最大，且至少占到全部课程的70%以上。这种课程都被定义为必修课，因此学生自己能够进行选择的空间十分小。尽管通识类必修课的开展能够帮助学生打下良好的专业基础，但也会导致学生自主学习意识不强、学习兴趣不浓厚、学术视野狭窄、实践操作能力不强等问题。事实上，通识类必修课开设的初衷是给予学生广博的知识基础，因此目前的通识类课程教学

与其初衷是相违背的。

2. 通识课领域狭隘，安排不合理

近年来，我们的通识教育课程已经有一定的规模，主要包括语言、社会科学、自然科学、计算机、艺术课程和公民教育。但课程领域依然有所局限，像艺术、自然科学等领域并不受重视，而且类别也不多。数学、文学和历史更是备受忽视。而像语言、计算机等比较重要的课程，也只是用来应试，难以起到通识教育的真正作用。公民教育的课程过于刻板，常常沦为空洞的说教，因此目前我国的通识教育效果并不理想。

3. 通识课模式僵化，课程形式缺少特色

各个院校开设的通识课程虽然名称不太一样，但几乎都是清一色的"政治理论+外语+计算机+军事、体育+'三大选修课'（自然、人文社科、艺术）"模式。缺乏多样性和灵活性，丧失了通识教育意义的本真。各个高校应该根据自己的情况，形成自己的特色。

（二）学科专业课程和教育类课程设置存在的问题

长期以来，我国教师教育课程的发展一直存在着争议，一部分学者认为，教师教育应当注重师范性，而另一部分学者认为，教师教育应当朝学术性方向发展。而在现实当中，许多青年教师并未意识到作为一名专业的教师应当具备哪些素质，他们往往认为，只要掌握所教授课程的全部知识，就能够成为一名出色的老师。此外，目前我国学科专业课程和教育类课程的设置也相当大程度上受到了政治、历史因素的影响。中华人民共和国成立初期，我们沿袭了前苏联师范学院的专业设置与课程设置的模式，即按照核心专业学科设置各个专业，各专业再围绕核心专业学科来开设全部课程，这也使得教师教育的职前培养一直以专业发展为核心。因此，各高校学科课程的设置占了相当大的比重，而作为体现师范性特征的教育类课程的设置却往往不尽人意。

我们来总结一下学科专业课程和教育类课程存在的问题。

1. 从课程内容上来看存在一定的问题

就目前看来，学科专业课程的教学往往更注重纵向的深入发展，且学科教学的独立性较强，缺乏与其他专业之间进行横向的交流。因此在这种教学模式下，学生的学科专业基础知识十分扎实，但整体知识面不够，综合实践能力有待提高。教师这一职业对从业者的个人综合能力有较高的要求，一位教师要想获得较好的教学成果，不仅需要掌握充足的学科知识，还必须熟悉心理学、教育学等人文学科，并有较强的实践操作能力和组织能力。与西方发达国家相比，我国目前的教育专业课程内容还不够全面，且课程形式单一，还有待进一步改进。

2. 从课程观念上看，重学术性轻师范性

我国的教师教育一直存在着"学术性"与"师范性"之争，在这种学术氛围下，人们往往认为，如果强调了"师范性"，"学术性"必然丧失。那么在这种情况下，我国的学科教育专业必然存在学术水平过低的问题。但事实上，"学术性"与"师范性"并非绝对对立的两个方面，因此这种现象反映出当前人们并没有真正理解"师范性"的真正意义。

3. 从课程结构上看，比例不够协调

首先，教育课程的比例相对较小。教育课程是教师课程中非常重要的一部分。通过开设此类课程，学生可以了解青少年心理发展的基本理论，以及教育和指导的基本原理和规律。提高学生观察和分析教育现象的能力，并提高学生对教育的兴趣和爱好。目前，我国对教育课程的重视程度不够，安排的实习期较短。其次，必修课程是课程的主要部分。尽管各高校也增加了选修课的比例，但选修课的教学效果并不理想。从以上分析可以看出，我国教师培养依然有许多不足之处，教师培养的不足会影响到教师的职后培训效果。要构建一体化的课程体系，就要完善教师的之前培训，才能打好教师职业生涯的基础。

第三节　中国教师培养策略

一、我国师范专业设置取得的成就

（一）师范专业设置能够基本满足我国基础教育需求

在我国，由于师范类专业的开始是以服务基础教育为目的的，因此师

范类专业的设置与基础教育课程保持着高度的一致性。这种专业设置的原则能够为我国中小学培养出符合岗位要求的青年教师,学生在毕业后,可以在最短时间内适应学校教学工作,并且其在高校学习阶段已经掌握了较好的教学技巧,对其顺利地展开教学工作奠定了良好基础。从专科、本科和教育硕士层次所开设的专业来看,它们几乎涵盖了我国基础教育的所有课程。2009年,我国教师教育院校共开设19个教育硕士专业,33个本科层次师范专业,32个专科层次师范专业和5个中专层次师范专业。

(二) 构建了较为完整的师范专业体系

20世纪以来,在高等教育规模扩张的背景下,本科层次师范生规模增量很大。自1997年我国开始培养教育硕士以来,截至2011年12月已有88所院校培养教育硕士。这些院校开设的专业包括教育管理、教育技术、小学教育、学前教育、特殊教育、心理健康、科学与技术教育、思想政治教育、语文、英语、历史、数学、物理、化学、生物、地理、音乐、体育、美术19个。经过十多年的改革与发展,我国建构起了以本、专科层次师范专业为主,积极发展研究生层次的师范专业的发展格局。这种格局有利于促进我国教师培养从"中专、大专、本科"老三级向"大专、本科、研究生"新三级发展。从而有利于提高我国教师队伍的专业水平,实现向专业化教师队伍的发展这种师范专业格局符合我国基础教育实施素质教育和课程改革的要求,符合教育现代化的发展方向。

(三) 体现了基础教育课程改革和发展的需求

在本科层次新开设的师范专业如小学教育专业,在本科和专科层次新开设的初等教育、艺术教育和科学教育专业,在专科层次新开设的综合理科教育、综合文科教育专业,在教育硕士层次开设的科学与技术教育专业,均体现了我国基础教育课程改革对跨学科教育的需求。

二、调整师范专业设置建议

（一）制定缩减中专层次师范专业的中期规划

现如今，我国基础教育的教师队伍建设已经初获成果，在人员数量方面已经得到了基本的保障。但目前，我国基础教育教师队伍依然表现出整体专业水平和综合素质有待提高，区域差距较大等问题。为此，下一阶段的该给目标应当定位整体提升我国教师队伍的综合素质和专业能力。而要实现这一目标，就要从师范类院校的办学、教学改革入手。

为此，可以利用五年左右的时间，对全国师范类中专院校进行评估审核，大幅度削减中专层次师范类院校的数量，预计压缩到300所左右，并保证五年后中师生毕业生数不超过3万人，除了为部分少数民族地区和边远贫困地区中等学校培养小学教师外，其他中专层次师范教育主要负责为农村地区培养学前教师。

（二）增强差异性和灵活性

增强本科和研究生层次师范专业设置的针对性、灵活性和前瞻性。改革教师教育院校师范专业设置的组织形式，鼓励基于先进教育理念的多学科结合的新兴师范专业，为基础教育的改革发展培养高质量的领导型教师。

（三）稳步扩大研究生层次师范教育

在大力压缩中专层次师范专业设置和适度缩减专科和本科层次师范专业在校生规模的前提下，有序扩大教育硕士在校生规模，使教育硕士成为今后高中教师重要的补充来源。今后十年内，高中新补充教师中教育硕士增加到30%~50%。

第三章　国内外教师职前培养教育

本章主要从国外职前教师教育、国外在职教师教育与互联网、国内职前教师教育这三部分入手，对国内外教师职前培养的现状及存在的问题进行探讨。

第一节　国外职前教师教育

一、美国职前教师培养体系

21世纪到来以后，美国在教师培养与考核方面做出了一系列的调整，他们不断对认证标准进行更新，并注重对教师的实习情况进行考核。此外，近年来，美国教师选拔的途径与方式也日趋多样化。

教育工作者培养认证委员会（CAEP）是美国最权威的教师教育认证机构，它是由另外两个认证机构——NCATE、教师教育认证委员会（TEAC）合并而来的。2013年，CAEP公布了新的教师教育认证标准，共包括学科和教育学知识、临床伙伴关系和实践、准教育工作者的质量、招聘和选择、方案影响力、教师教育机构质量保证和持续改进等六个方面。该标准具有四个方面的特点：注重与其他相关标准的对接，将教育实习置于教师培养的中心地位，逐步提升美国教师教育的生源质量，维持以证据为依据的质量保证系统。根据"临床伙伴关系和实践"标准，美国的教师培养将逐渐向学校模式方向发展，这种模式能够极大程度地促进教师集体性学习。由此看来，美国教师培养模式的改革有两个关注点，一是促进教师培养专业化发展，二是促进教师培养建立起学校模式。在这种改革的推动下，美国教师培养不仅从质量上得到保障，而且还能够为教师提供更多的集中学习时间以及同行交流时间。这种教学模式就像医院的教学模式一样，新入职的教师会在经验丰富的老教师身边实习一年时间。为了促进老教师对新教师的培养，学校通常会给予教师"有偿共同规划时间"，并为老教师提供相应的奖励措施，以此来鼓励老教师参与新人培训工作。此外，学校还会积极建立数据分析系统追踪学生学业成绩，帮助教师提升工作效能。

（一）美国的教师资格认证制度

在美国，一位教师在开始担任教师（"初任"或"入职教师"）时所申请的证照便是"执照"（各州教师资格证书），然后要经过一段时间的服务和进修之后，才能申请换取"证书"来证明自己具备了更高级别的能力。

（二）美国教师资格认证改革和发展趋势

在美国联邦政府教育政策变革的不断推进下，美国各个州也陆续出台了与教师资格认证相关的改革措施。有些州只是在原有标准的基础上稍微做了一些改动，但有些州则彻底推翻了之前的教师资格认证标准，采用全新的思路重新设计了一套认证标准。这些改革都体现出了多样化和综合化的趋势。

1. 资格考试形式和内容趋于综合化与多样化

就教师资格考试而言，美国各个州都对原有的标准化考试进行了修改，在开发多样化考试形式的同时，也对考试标准进行了调整。例如，教师考试的形式就多种多样，既有笔试考察，又有录像考察、课堂考察等。在纽约州，通常以录像考察的方式评价教师的课堂语言表达能力、组织能力及知识传授能力等。笔试考察主要包括标准化测验和非标准化测验，其对象也逐渐从所有教师和申请教师职业的人转向只面对部分需要考试的教师或教师申请人，或只在某一具体的认证阶段使用这些考试。

美国教师资格考试都是由每个州有关的代理机构负责的，各个州并不会干涉设计和考试内容。例如，美国国家教师考试（NTE）就属于这个类别。在马萨诸塞州、加利福尼亚州、亚拉巴马州、俄克拉何马州、南卡罗来纳州、佐治亚州、佛罗里达州，都有专门负责进行教师资格考试的机构。而对教师的考核内容范围十分广泛，除了考核教师的专业知识和教学水平外，还特别重视考核教师的个人素质。考试还包括一些需要教师对某些现象或政策谈论个人看法的问题，例如要求考生谈论对国家现有教育政策的看法，或对某一前沿性教育问题的理解等。这些主观题通常没有标准答案，因此在评分时，更注重考察考生的创新能力。

2. 资格认证标准的综合化和多样化

总的来说，教师资格认证的多样化和综合化，首先体现在认证标准具有多种内容，无论是对教师的无形资本，还是有形资本，都做了具体的要求，其中教师的无形资本主要包括教师的个人素质、教学能力，而有形资本包括教师的文凭证书、学分等。有些州对教师无形资本的考核给出了详细的步骤和标准，例如在得克萨斯州的教师资格认证标准中就有这样的规定：教师资格考试要考核教师的思想品德、课堂组织能力和知识熟练程度等。此外，有的州还制订了教师要接受继续教育的标准。其次，很多州的教师资格认证标准的制定原则也体现出多样化的特点，例如得克萨斯州正在建立的新的教师资格认证标准，就从教学内容和学生年级水平等方面对教师提出了要求。

3. 多个机构和团体合作开展教师资格认证

教师资格认证多样化和综合化的趋势还体现在多个机构和团体合作开展教师资格认证活动。这些机构和团体主要包括学校、相关的教师教育机构、制订教师资格认证标准的机构、开展教师资格认证的机构以及教师团体等。

在这些机构的合作中，NCATE 在确保教师教育计划，反映 NBPTS 教师认证新动向方面做出了很大努力。近些年来，各个州越来越重视教师资格认证机构、教师团体和教师教育机构之间的合作，因为只有这三个机构在教师资格认证问题上采取一致的态度和计划，才能最终保障教师资格认证的质量。以上事实都反映了教师资格认证中多机构和团体开展合作的新趋势，这一趋势出现的主要原因是各个州都改变了原有的教育政策和思路，开始从整体的角度考虑教师培训、教师认证和教师职业能力发展的问题。例如在纽约州，州政府成立了一个工作组，以此来完善教师资格认证。1998 年 7 月，工作组针对纽约州教师教学质量问题，提出了一个改进措施。这个措施与州教师教育计划紧密相连，要求所有教师职业申请人必须在 2000 年通过州教师资格证书测验（NYSTCE），才可以获得初任教师资格证书，之后在 2003 年，还要在导师的指导下合格地完成 1 年的教学工作，才可以获得职业资格证书。

二、日本职前教师教育培养

（一）日本教师教育制度

自 20 世纪 90 年代以来，日本的经济得到了飞速发展，但与此同时，日本也迅速进入了老龄化社会。经济的发达为国家文化与教育的发展奠定了雄厚的基础，但这一时期的日本却出现了学生不愿意去上学的现象，且校园欺凌时间日益增多。这种社会现象按理来讲是不应该在经济高度发达的现代化国家中出现的。在这种情形下，教师这一群体也成为社会媒体十分关注的对象。尽管日本在很早以前就建立了完善的教师资格考核制度和教师教育制度，且教师资格竞争十分激烈，但教师的整体水平并没有得到稳步提升，反而呈现出每况愈下的局面。且据日本相关调研表明，日本教师无论在专业能力、教学能力还是精神面貌等方面都存在着诸多问题。基于这一社会现象，日本政府对社会教育的改革更加重视。

为了尽快并更好地实现这一目标，日本政府修改了教师资格证书制度，并加强了相关的教师职业科目。和之前重视专业领域的学科知识相比，新的教师资格证书制度更重视教育教学方法以及与学生交流方法的训练。新的教师资格证书制度大幅度增加"教师职业课程"，重视培养教师多样的教学方法，同时开设了"综合演习""教师职业意义"等新科目，并增加了教师教育实习分，减少了学科科目的最低学分。

新制度的出台，影响了日本的大学教师教育，引发了一系列新的改革。改革以后，日本教师培养模式整体上表现出注重实践性、现场性的特点。2004 年 3 月，日本教育大学协会提出要在大学开设"样板核心课程""教育实践体验"和"教育现场研究"等课程，这些课程被加入到学生的大一教学计划当中，并且注重各门课程交叉配置，递进发展。

现如今，尽管日本许多大学已经逐渐放弃坚持"样板核心课程"，但许多教师教育大学、学院在对本校教育课程进行修订时，都不同程度地表现出对现场教育的重视。例如，上越教育大学的教师教育课程将学生从高中毕业到进入教师教育专业的整个过程结合起来，使学生在连续、完整的学习过程中逐步向实践性、专业化的学校教育现场过渡；兵库教育大学在学生的整个本科阶段都安排了实地教学，其中，一年级学生进行参观实习，二年级学生进行体验实习，三年级学生进行基本实习，四年级学生进行应用实习；岛根大学教育学院强调"间接体验"的重要性，并推出了相应了课程，要求学生从入学到毕业必须参加最少 1000 小时教育体验活动。

2005 年 6 月，日本中央教育审议会提出了"在教师培养中增加专职研究生院的基本想法"，指出"在充实、加强本科阶段教师培养的同时，有必要在制度上重新探讨研究生阶段的教师培养和再教育问题"。

2006 年 7 月，日本中央教育审议会咨询报告《关于今后教师培养·资格证书制度》提出，要建立"专职研究生院"，其目的是培养具有实践性教学指导能力的教师，在培养"学校骨干"的同时，保障本科阶段教师培养的顺利进行。因此，日本文部科学省将教师教育的"专门职研究生院"改名为"教职研究生院"，并修改了研究生院的设置标准，将学习年限设置为两年，学生毕业必须最少获得 45 学分，其中至少有 10 分为在中小学等机构的实习分。

如今，日本的教师教育呈现出高学历的发展趋势，但这里所指的高学历，并非通常意义上的研究性学历，而是更加符合教育现场的实践性高学历。由此可以看出，"教职研究生院"是重点关注现场性、实践性的本科教师教育课程的延伸。

2006 年 1 月 24 日，日本教育再生会议提出了题为"以全社会之力实现教育再生"的报告书，其中规定了"所有手段总动员，培养有魅力、值得尊敬的教师"，而最重要的改革就是更新教师资格证书制度。

第二次世界大战后，日本反思了战前军国主义下封闭式的师范教育中存在的缺陷，对教师培养制度进行了一系列的改革，建立了任何大学都可以培养教师的开放式制度。但经过几十年的发展，这种开放式制度也逐渐显露出一些不足。现在，日本除了极少数的个别大学外，几乎每个大学都开设了专门培养教师的课程。每年所培养的教师数量是之前的数倍甚至几十倍，但这些毕业学生并不都会从事教师行业，因此产生了大量的不从事教育工作的"证书教师"。而且在这种开放式的培养模式下，学校无法安排所有学生进行教育实习，因此使实习形同虚设。教师录用考试虽然竞争激烈，但内容简单，只需通过书面考试以及一两次的面试即可，无法全面、有效地考察每个学生的综合素质，使很多考试成绩优秀但无心从事教育行业的人，或综合素质低下、不适合当教师的人进入了教师行业，严重降低了教师的综合质量。

日本政府制订的这一系列方案具有重要的意义，主要体现在以下三方面：第一，社会在快速发展，教育对象也要与时俱进。因此这一措施能够帮助教师提升自己的工作适应能力，同时能够帮助教师克服职业倦怠。第二，由于教师在长期安稳的工作状态下容易出现不良的工作情绪，且一些教师缺乏自主学习意识。在这一措施出台后，能够对不合格的教师进行排除，从而确保日本教师队伍始终保持高水平状态。第三，该措施的出台还能够将那些原本持有教师资格证书，但并没有从事教师职业的人划在教师职业之外。由于早期日本的一些教育质量低下的大学为了盈利而扩大招生，并大批量向学生发教师资格证书，导致拥有教师资格证的人数量过多且质量过低，因此通过新措施的实施，能够淘汰掉原有的一批教学能力不够的持证者。

日本的学校、企业甚至政府部门在之前都采用生成性评价的方式，其目的是提升被评价者的资质水平，并且通常不直接将结果与待遇联系在一起。例如，日本大部分企业的大多数员工薪资待遇并不是根据员工业务水平的高低和业绩完成的多少，而是由员工工龄长短、职位高低等决定的。2002年，日本中央教育审议会指出，学校要通过承担确切的责任重新获得大众的支持与信任，而在这一改变的过程中，教师起着根本的作用。一方面，要采取严厉的措施对待学校内综合素质不合格的教师，另一方面，要有意在学校组织、教师团体中培养积极意义的紧张感，适当提升教师的工作压力和热情，通过合理评价教师的工作业绩，提升教师的专业性，这是建设"被信任学校"的必然措施。同时，日本中央教育审议会还提出了实现学校"说明责任"的具体措施，其中最关键的就是建立学校新的教师评价体系。同年，日本教育改革国民会议还提出"建立教师努力能够得到回报的评价体制"的建议。

随着日本国家教育部门提出明确改革要求，各个地方的教育部门也展开了一系列改革行动。在2000年，东京就已经开始实行"能力开发型"

的人事考核制度。这一制度共分为三个部分：一是教师与校长、教头（日本学校中协助校长处理教学事务的职务）进行面谈，确立自己的目标；二是教师根据自己设定的目标对自己的教学成果进行"自我申告"；三是学校对教师的教学成果以及教学中的表现进行业绩评价。这一考核评价制度避免了单一的上对下的单方向的评价方式，使之成为学校管理组织与教师队伍之间双向互动的评价过程。同时，学校的校长及中层领导都应该对一线教师进行指导和帮助，并可根据学校条件和教师个人情况，要求教师进行研修，对积极参与研修，提升自己综合能力的教师，学校还应给予一定的奖励待遇。通过实施"能力开发型"人事考核制度，东京的中小学教师素质得到了全面的提升，并在一定程度上改善了中小学教师工作氛围，提升了一线教师的工作精神力量。现如今，东京已经将该种考核制度的评价结构运用在对教师加薪、晋升、校内岗位安排以及校际调动等方面的决策上。通过这一考核制度的实施，东京中小学教师的工作积极性得到了显著提升。但不可否认的是，这种制度也为教师带来了较大的工作压力。因此一些学者认为，这种制度在一定程度上表现出较强的成果主义、能力主义思想，并认为这种教师评价制度会破坏教师之间良好的人际关系，甚至会危及教师间的合作，这将会在一定程度上影响教师教学质量。且这种人事考核制度所宣扬的精神与日本政府提出的"由个性多样、各有擅长领域的教师构建强有力的教师团队，共同应对现代学校问题"的教师队伍建设目标是相互矛盾的。以此看来，日本的教学改革和教师教育依然存在相当大的发展空间，如何建立有效的教师激励评价机制，并真正实现高质量教师队伍的建设是日后日本教育工作者的一大课题。

第二次世界大战后，日本开始实行通过大学培养教师的开放式培养体系，但在实际中，日本义务教育阶段的大部分教师依然来源于专业的师范类大学。现在，日本正在不断提高教师资格证的各种要求，其目的就是为了限制通过非教育类大学进入教师行业的这一途径，从而逐步提高教师教育的专业化。

（二）日本的教师许可证制度

与美国学校的要求一样，在日本，一名中小学教师也必须持有与小学、中学或高中相应的教师许可证。教师许可证通过都道府县教育委员会授予，其对象必须是在文部大臣承认的大学修满一定学分的毕业生。大专学历毕业生可以获得二类许可证；本科毕业生可以获得一类许可证；硕士毕业生可以获得专修许可证。1998年4月，日本又出台了新的法律，其中规定志愿成为小学或初中教师的大学生，必须在社会福利院或特殊教育学校等地义务服务7天以上，才有资格获得教师许可证。

其实早在1997年，日本教育职员培养审议会就提出，可以通过硕士课程加强教师的培养工作，并强化教师培养、聘用和进修等工作的制度化、合理化发展，促进日本教师从业者教学水平的提高。在日本，大学师范教育的核心目标是培养具有较高教育水平和强烈责任感、使命感的青年教师队伍，值得一提的是，日本的大学师范教育更加强调教师解决实际问题的能力。为了实现这样的教学目标，大学师范教育在课程开始方面表现出较大的弹性幅度。近年来，日本师范类大学教育十分注重对教学科目设置的充实，逐渐丰富学生的选修课程，同时改革教学理念与方法，让师范专业的学生获得更多与中小学生接触的机会，增强他们的实际工作能力。当然，在引入课程选修体系后，也相应地增加了教师许可证所要求的学分数。

日本坚持"择优适用"的中小学教师聘用原则，其符合的标准与采取的方法主要有以下几种。

（1）对于公立学校，其教师都必须通过都道府县政府或指定的市教育委员会举行的教师选拔考试，并持有教师许可证。教师选拔考试主要包括笔试、面试、实际技能、论文和适应性考查等。

（2）为选拔有丰富阅历的教学人才，应聘教师的年龄限制全面放宽，并且采取多样化的教师选拔标准。面试的主考官不仅有专门负责人事的官员，还有大学教师、企业家、家长代表、心理医生等。

（3）提升学校教师队伍资质水平的一个重要举措就是邀请社会人才参与到学校教育中来。日本学校设置有特殊的"非常勤"教师聘用制度，目的就在于吸引社会中那些学富五车或具有独特技艺的人才。即使没有教师许可证，但只要受到教委的一致认可，就可成为"非常勤"教师，从而在学校教学中担任一定的职务或负责一些教学活动。"非常勤"教师的教学内容多种多样，涉及多个方面，主要有音乐、美术、绘画、茶道、书法、外语、建筑设计、室内装饰、信息技术等。

第二节　国外在职教师教育与互联网

一、政策引导下的在职教师教育发展模式

"学士后教师教育"这一概念与我们熟知的"在职教师的继续教育"大致类似，这种教师教育中包括了在职教师培训、教师学历提升这两个方面。"学士后教师教育"最早诞生在美国，早在第一次世界大战结束后，美国就已经开始推行这种教师教育体制。到了20世纪80年代，西方一些发达国家，以及日本等国也开始纷纷借鉴美国的这一教师教育体制。各国的学士后教师教育因每个国家特殊的国情制度，而呈现出不同的发展态势。例如，美国实行学科教育与专业教育相结合的开放式的学士后教师教育制度；日本在保持开放性的同时大力发展教育大学的研究生院，并重视职后教师培养；英国教育专业研究生证书（PGCE）注重大学与中小学的合作；而法国却是典型的大学与师资培训学院的合作培养。

美国实行开放式模式，兼顾学科教育与专业教育协调发展，主要体现在：初任教师有1年以上的实习期；教师资格证书非终身制；非教育学专业的人士也可以通过培训项目进入教师行列。

美国中小学教育专业的毕业生可以参加教师资格证书考试，只要成绩合理就可以取得从事教育行业的资格。但是即使美国教育学院毕业的大学生获得相应学科的教育文凭后，也并非马上就可以获得正式的教师资格，通常是先获得一张临时的教师资格证，然后选择某所中小学去完成为期1年的实习，1年之后如果通过教育部门和实习学校的考查，才能够拥有真正的教师资格证。

和其他许多执照、证书一样，美国教师的资格证书并不是终身的。根据各个州的规定，每过3年或5年（如佛罗里达州是5年），教师就必须更新续签，其中，按时参加教学培训、暑期学习班等是教师资格证书能否更新续签的重要参考因素。教学培训和暑期学习班是教师自愿参加的，而

有些活动需要校长的推荐才能获得参加的资格。参加培训的费用来源于政府设置的专门的项目资金，不仅不需要教师个人出钱，甚至还可以获得一定的培训补贴。

除了正规渠道的教师培养体系，还有一些补充项目让非教育学人士转向教学，从而增加教师的来源。如"转向教学项目"，旨在帮助高需求学校和地方教育机构通过替代性的教师资格认证方式，让处于职业生涯中期的非教育学领域专业人士和新近毕业的非教育学专业大学生转行成为教师。还有美国的教育硕士招生向所有有意愿当教师的人开放，无论是在职的中小学教师，还是非教育专业毕业且从事于其他行业的人员，并且没有年龄限制。

教育硕士的培养方案是针对教师职业规划而制订的，通常分为两种，一种主要面向所有的在职中小学教师，另一种则主要面向没有教学经验或非教育专业毕业的学生。这些美国的在职小学教师中，有相当大一部分人有机会继续攻读硕士学位，因此这些教师往往有着较强的深造愿望。在职研究生的课程通常安排在晚上，每周需上课1~2次，每次3小时左右，上课地点选在相近的学校。获得研究生学位的条件是修完36个学分，一般需要1~2年完成。

在攻读研究生学位前，小学教师参加培训所获得的学分可以转化为研究生的课程学分，通常在6~9个学分。并且在毕业后，都会作为晋升和加薪的条件。

总的来说，各国学士后教师教育具有如下共同特点。

一是教育目标的专业性。学士后教师教育主要是培养教育专家，因此更加注重实践性和专业性。目前，各国都采取了延长学习时间、加强教育学科课程学习、提升教师综合素质的教育改革思路，例如美国的"4+1"和"4+2"模式，法国的"教师培训学院"以及日本建立的"教师专业研究生院"等。

在美国，在职教师们有许多方式进行继续教育，许多小学教师在获得教育学士学位后都选择继续学习，以获得教育硕士（Ed. M.）学位，甚至还有部分教师选择攻读教育博士（Ed. D）学位。在职教师继续学习的途径多种多样，主要还包括暑期学习班、所在学区提供的定期培训等。暑期学习班大多由各个学区或高校组织，由高校教授申请的项目资金作为支持。学区的定期培训则一般在学校放学后进行，由学区相关的学科项目负责人组织，培训教师大多持有硕士学位或博士学位。教师参加培训获得的学分是进行年度评定与晋升的重要依据。

二是教育内容的实践性。在全美教学与美国未来委员会发表的《什么最重要：为美国未来而教》中，对学士后教师教育进行了全面的介绍，特别提到学士后教师教育计划应该进行1年左右的教学实习。这体现了西方国家对教师职后教育的实践培养十分重视。目前，各个国家都在借鉴创办教师专业发展学校这一模式。

二、教师自发形成的网络教学共同体发展模式

当代教师的培养发展在一定程度上受到新技术的影响。随着网络信息技术的不断升级，网络教学以成为未来教育改革的重要方向。基于此，MOOC、维基百科、电子书等资源日益丰富，网络学习以成为当代教师进行职后自我提升的重要方法。这些开放性资源在网络平台上向公众传播的同时，传统的课堂教学方式和教育模式也遭受到不小的打击。与此同时，网络教育、移动学习不再局限于面对面的、定时定点的课堂教学，电子书以其经济性和便捷性正悄然取代传统的教科书。教师的教学知识结构也越来越向全方位、全过程的方向发展。传统的教学知识体系无论是教学设计、教学实施还是教学评价和教学反思等方面都面临必要的改革。美国教师正越来越频繁地利用网络来自发组织各种教学共同体进行交流和知识共享。

教材的选择和教学内容的组织是教学设计的重要组成部分。美国"中小学电子教材网站"为我们的教材改革提供了一个很好的范例。这个网站由非营利性教育基金支持，上面发布的美国中小学各年级、各学科电子教材、测验题、SAT模拟题及答案均由教师自主编写并上传，登录此网站的人只需注册个人的电子邮箱，就可以免费下载网站的所有资源。该网站会定时发邮件提醒注册人最近有哪些新的电子教材和教学参考资料发布或更新，并邀请注册人加入电子教材的编写，或者请注册人对网站的资源进行评价，对网站的管理提出建议。这个网站为教师提供了开放的工具、资源和平台，教师可以在上面进行跨地域的交流与合作，通过选择和组织适合

本地教学群体的教学内容，编写出个性化的教科书，同时又可将教师个人的教学经验和反思融入集体编写的教科书中。当知识需要更新或者教学环境改变时，将电子教材的内容重新组织，或者升级到新的版本即可。

"中小学电子教材网站"是一种值得借鉴的在线共同开发电子教材的模式，它体现了当代美国教师教育的特色——"自发、创新、协调、绿色、开放、共享"的发展理念和"体系化、信息化、国际化、协同化、科学化"的建设理念。

近年来，美国服务性学习教师网络得到了不小的发展，美国社会逐渐将各种服务性学习模式应用到各种教育当中。在这种教育模式下，学校不再是社会的"孤岛"，学生和教师能够获得更多深入社区的机会。而这种将学生和教师带入社区生活的教学方式，对培养学生社会公德心，提升学生的社会责任意识具有很大的作用。随着学习资源的日益丰富和学习渠道的日益多样，传统教学模式的意义逐渐降低，人们更注重的是培养学生的社会生活能力，自然服务性学习活动也成为教学改革的重点。

美国国家实验教育协会（NSEE）这样规定服务性学习：学生有着清晰的学习目标，在学习过程中能够对知识进行自我总结的服务活动。服务性学习结合了各种社会现实问题和学生的课堂学习知识，即有利于提升学生的智力水平，又能够吸引学生积极参与。

近年来，美国学校改革都将重点放在服务性学习方面，因为服务性学习被认为是一种先进的教育理念、一种教育哲学、一种教学策略。教育工作者认为，只有当社区服务适应了学校的课程目标时，服务性学习活动才有可能发生，同时具备一定的价值。年龄层次不同的学生，所接受的服务性学习的内容也不相同：低年级的学生主要学习乐于助人、倾听与鼓励的美德，中年级的学生主要学习如何帮助和辅导他人，高年级的同学则参加校外的社区活动。服务性课程的核心在于创造、活动和服务。例如，学生与学习困难的成人家庭建立联系，向他们学习有关生活技能的同时，也帮助他们学习新的知识和技能，以跟上社会发展的步伐；学生花时间打扫卫生、浇灌花草；到老人院陪老人聊天、活动，在重要的节假日给老人送去祝福和慰问等；到残疾儿童服务中心关照残疾儿童，与他们一起玩耍、学习等。

学生可以参加多种多样的服务性工作，如社区服务、动物保护、健康看护等等。通过参加各种各样的社区服务工作，学生能够在实践活动中培养反思性思维，这些实践经验与反思能够成为学生日后学习的潜在动力，并在相当大程度上促进学生作出志愿的选择，帮助学生树立远大的理想。服务性学习可以帮助学生学习社会知识、扩大视野、增加生活阅历、提升实践技能、培养终身的社会责任意识和公民价值观。通过服务性学习，可以更好地洞察社会，从而为解决社会问题尽一份力。许多年轻的学生单纯地认为成功仅仅是获得巨额的经济财富，而服务性学习可以使学生获得远比金钱更重要的财富，使学生明白成功的真正意义。服务性学习对于学生个人的发展、学生个人的学术成就、责任心的培养甚至整个社会的发展，都有着重要且积极的意义。通过服务性学习，学生可以更好地实现自我价值，并在实现自我价值的同时创造巨大的社会价值。

服务性学习最初源于教育家杜威的"做中学"的思想。他认为，学生可以利用他们学到的知识服务他们的社区，促进社区的发展，这样他们可以成为很好的社区公民。服务性学习可以提升学生的教育阅历和他们参加社区服务的积极性，既可以服务社区，又能够使学生形成更高的学术成就。在参加服务性工作之外，学生可以通过这种计划提升多种能力，丰富学习经验，这也正是这门课程的改革方向。

自20世纪90年代以后，美国不少教育专家都将研究重点放在对高等教育与社区的结合的问题上，这种研究取向显然是有积极意义的。此外，一些专家还提倡高等教育即要深入附近社区，又要符合提供社会服务的美国教育传统。随着服务性学习实践的不断推进，教育工作者们发现，学生参与服务性活动一定要建立在教师支持的基础之上。但就当时美国中小学教师而言，他们的学习经历和思想意识往往会导致他们轻视服务性学习任务。在这种情况下，探讨教师教育与服务性学习的关系便成为一个迫切的话题。

一些专注于研究教师行为发展的学者认为，教师在自我提升的过程中，不仅要培养自己的反思性思维，提高自己的实践能力，还需要时刻关注自身的职业发展周期。通常情况下，新任教师在第一年工作中必然会感到职业发展上的迷茫，其工作状态也相对混乱。这一阶段，是新任教师尚未掌握成熟的教学方法，他们的教学行为主要来自他们实习期掌握的实践经验。之后，随着教师教学手法逐渐娴熟。他们将进入"追随者"和"独立者"之间的过渡阶段。在广泛学习其他老教师的教学经验后,新任教师也逐渐掌握了符合自己风格的教学方法,并将自己的见解融入教学活动当中。随着教师教学经验的不断丰富,他们将逐渐进入完全独立的教学阶段。在这一阶段当中,他们能够完全掌控自己的教学活动,并取得一定的工作成就。此时,他们已经能够向后来的新任教师分享教学经验。随着教师教学能力的进一步提高,他们逐渐会精通自己所教授的这门课程,并成为教学专家。在这一阶段,他们会逐渐总结出独特的教学思想与教学实践方法,并形成一种独特的教学风格。以上叙述的是一位教师从新任教师到教育专家的过渡过程,每位教师都会经历这样的职业发展过程。因此对于青年教师而言,他们往往需要更多的耐心和信心来不断对自己的职业能力进行提升。

第三节 国内职前教师教育

一、职前教师实践性知识发展

(一)教师实践性知识的形成机制

所谓"形成机制",简言之,即教师实践性知识在其形成过程中,各种因素相互作用的过程和方式。然而,作为一种复杂的知识形态,实践性知识的影响因素众多,我们应该从各个角度进行细致分析,这样才能获得比较客观、全面的认识。

1. 基于认识论的理解

(1)范例的含义

关于"范例"这一概念的解释,一些学者已经给出了较为完整的回答。例如在库恩的《科学革命的结构》一书中,作者指出:"我所提出的范式,是普遍承认的科学成就,其在一段时期内为科学实践共同体提供典型的问题和解答。"他所提出的"范式"这一概念,表达的是与一般科学哲学思维不同的一般性和普遍性的"具体性"内涵，他认为，"正是在典型实例意义上，我最初才选择了范式这个词。"由此可以看出，"范式"最初应该指的是具体意义上的"范式"，即对于具体问题的解决。库恩提出的这个概念，是他对科学具体属性的很好总结，因为我们之前重视的"规则、属性这些东西都是事后的，范式具有在先性"。在此认识的基础上，库恩又认为，科学并不是之前我们认为的需要依靠规则和属性等的累积式的进步，而是依靠"范式"转换，即科学革命而导致的断续转变。之后，库恩又在《后记1969》一文中指出："在本书的大部分篇幅中，范式，一词有两种意义不同的使用方式。一方面，它代表着一个特定共同体的成员所共有的信念、价值、技术等等构成的整体。另一方面，它指谓着那个整体的一种元素，即具体的谜题解答把它们当作模型和范例，可以取代明确的规则以作为常规科学中其他谜题解答的基础。"库恩这里所说的范式的概念已经经过了扩展，成为为科学共同体所接受的团体承诺，这就是库恩所谓的"范式Ⅰ"。这一概念又包含许多不同的子集：符号概括是学科基质的形式的或易于形式的部分；模型包括本体论模型和启发性模型，为群体提供类比；范例，则是具体的题解。库恩称这些子集"范例"为"范式Ⅱ"，因此可以认为，范例可以成为范式的微观与具体表现，它实际包含着探讨规则的方法论。可以看出，作为"范式Ⅱ"的范例，其优先性仍然是库恩所强调的。（图3-3-1）

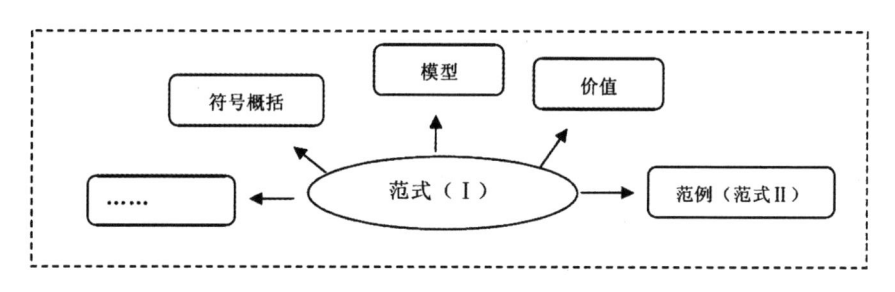

图3-3-1 库恩的范式概念

（2）范例的作用机制

在对传统学徒制的分析中，波兰尼总结了范例的基本作用机制。他本人认为，学徒通过对师傅的行为进行观察，可以直接了解师傅给出的范例。如此一来，学徒便可努力模仿师傅的行为，在长期学习过程中，学徒便可在无意识状态下习得该技艺的基本规则。事实上,这些技艺的潜在规则可能对于许多师傅来说都很难表述清楚。从这里我们能够看出,在"学徒制"学习中,徒弟对师傅范例的"心摹手追"是第一位的,而对技艺规则的把握只是一种附带的收获。这种"心摹手追"对学习者来说其实是一种"心领神会的能力",是对经验的重组与把握,更好地实现对理智的控制。在解决实际问题中,我们会寻找事物之间存在的某种"家族相似",以此作为比较标准,找出不同事物之间的共同性和差异性,从而解决当下问题。在这个过程中,逐渐养成的是一种看清"不同问题情境之间的家族相似的能力",即之前所说的"默会"能力。明显可以发现,这种"类比思维"同一般的通过规则应用来解决问题的"演绎思维"是完全不同的。

实际上,通过对范例的模仿来解决问题这一方式,其原理并非仅仅是运用"类比思维",还必须发挥"反思性思维"的作用。"范例"的本质不等同于"规则",其一方面反映了潜在的规则,另一方面又明确表现了实践的复杂多样。因此,范例对于实践者来说,既是和规则一样的实践工具,又是用来框定当前问题的"框架"。实践者将自己当前的实践与范例进行对比,并在反复实践和对比的过程中,逐渐形成判断,并对当前行动作出反馈,这就是"反思性思维"的表现。

可以发现,只有在"类比思维"和"反思性思维"一起作用下,实践者才可以在摆脱机械模仿的前提下利用范例解决问题。这一过程不再表现出机械性,而是实现了对创造性的超越。

(3) 实践性知识培养中的"范例"与"规则"

我们以上的讨论并不是为了否定"规则"对于实践性知识的作用,赖尔在谈论作为实践性知识的"knowing how"和作为规则知识的"knowing that"之间的关系时认为,他们之间应该是既彼此独立,又互相依赖的。虽然,"knowing that"的积累无法解决"knowing how"中存在的缺陷,但对于初学者而言,了解其中的知识与规则,还是有着十分积极的意义的。赖尔说:"它们(指关于规则的知识)在教学法上是有用的,即在那些还在学习如何行动的人的课程中是有用的。它们属于新手的学习手册。它们是蹒跚学步者的围栏,也就是说,它们属于方法论,而不属于有才智的实践的方法。"无论对于初学者还是经验丰富的行动者来说,当他们的实践活动无法正常进行时,他们就会诉诸规则。

这里的规则，即我们通常理解的各种理论知识，要想对实践性知识进行进一步地研究，首先要解释"规则"是如何指导实践活动的。与"范例"追求的"特殊性"相反，"规则"更倾向于表达某种抽象的和具有普遍性的含义。所以，"规则"主要从"方法论"的角度对实践活动进行指导。对于初学者来说，了解一定的规则，可以帮助他们建立解决问题的框架，并且保持大方向上解决问题思路的正确性。

2. 基于学习论的理解

首先，正如陈向明所指出的，实践性知识的形成过程和所有知识学习的过程一样，都是一个不断"构建"认知主体的过程。她借用了皮亚杰的"同化""顺应"等概念对这一过程进行了理解。"同化"是指将新信息融入自己已有的知识体系中，"顺应"是指当新信息无法融入旧的知识体系中时，所产生的结构重组。二者相比，教师实践性知识的形成主要依赖于"顺应"，这一过程的顺利进行，需要满足以下条件：（1）教师不满意之前的知识；（2）新知识对教师有充足的吸引力，并且是科学、合理的（因而行可能先于知）；（3）原有知识系统同化新知识的努力被教师知觉为不成功；（4）新知识可以对教师产生良好的情感体验。

其次，认知主体的意义建构是实践性知识的基本形成机制，在建构过程中，外界信息会和已知信息、经验进行相互作用，因此，无论是通过实践反思，还是理论转化，实践性知识的获得必然要建立在以往实践经验的基础之上，并对新获取的信息进行剖析和理解。

再次，对于教师来说，实践性知识的建构不仅需要每个教师的关注，更值得全社会的共同关注。实践性知识的建构基于特定的时间共同体，每个实践个体都会从这一共同体中有所收获。从这一角度来看，教师对实践性知识形态的分析是他们获得实践性知识的重要基础。而从知识形态角度来看，绝大多数教师所获取的实践性知识都具有隐性的特征。一些学者对这些隐性知识曾进行了专门的研究，研究显示，这些隐性知识与个人的身份具有关联性，"人们生活在他们之中就像生活在自己的身体之中"。因此，教师的实践性知识第一是和"教师"这一身份联系在一起。第二，隐性知识的获得还与特定的问题或任务情景具有关联性，对于这些特定的问题，需要有直觉的综合与把握。隐性知识通过叙事和隐喻的方式存在于一定的情景当中。根据这一原则可以认为，教师的实践性知识也总是"黏

63

滞"于一定的教育情境中的,这种"黏滞"意味着对其的把握。因此,教师实践性知识的存在方式决定了教师获得实践性知识的根本途径是参与实践、共享实践。

通过探讨实践性知识的形成机制,我们可以受到很多启发,教师实践性知识的获得与培养,一方面依赖于教师的主动建构,另一方面又依赖于教师对共同体的实践参与。前者主要表现为教师的反思,后者则表现为教师在实践共同体中的互动与参与,二者都对教师实践性知识的形成有着重要的作用,而参与实践则是两者共同的基础。

(二)职前教师实践性知识发展之路径选择

近年来,教育理论研究者和教育实践工作者对教师实践性知识有了越来越广泛的关注,从中可以看出,教师教育活动对于教师的关注,已逐渐从之前的外在行为关注,向内在思考的关注转变。在这一思想趋势的引导下,教师教育的目也发生了不小的变化。现阶段教师教育不仅要实现改变教师的教学行为,让教师掌握更加先进的教学知识,更重要的是要引导教师构建有个人意义的、指向教学实践的对教育教学的理解,将"给教师的知识"转变为"教师自己的知识"。为了实现这一过程,首先应该帮助职前教师建立对"给教师的知识"的意义建构。如何以"意义建构"的职前教师学习为基本路径,帮助职前教师构建个体化的实践性知识,值得进一步研究与探讨。

1. 当前职前教师学习现状

(1)"先前经验"的影响被忽略

建构主义学习理论认为,所有的学习者都不是毫无基础地进行学习的。这就是说,职前教师在接受专业学习前以学生身份生活在学校的情境中所默会的一些"教育教学"的信念(布鲁纳称之为"坊间教育学"),形成的一些"教育教学"的意象,会对其专业学习产生重要的影响。罗蒂同样说:"新任教师是带着他们多年在教育系统中做学生的经历中产生的知识、态度与信仰进入教师教育机构的。"而在实际中,"先前经验"不仅仅来源于其"做学生的经历"(罗蒂称之为"学徒观察"),更受到其家庭教育、社会环境等多方面的影响。"先前经验"来源途径复杂多样,对职前教师的作用也不尽相同。从很多方面看,它主要通过内在的"信念"

对职前教师的学习产生作用,这种作用类似于"过滤器"。国外研究表明,经过长期的"学徒观察",师范生已经在内心形成了一种教师的形象,以及怎样教学的具体意象,他们更多地通过模仿自己的老师逐渐成为一名好老师。

(2) 教育实习的"经验化"

尽管所有师范专业的学生都认为"教育实习"是其在职前教师培训阶段最重要的知识来源,但事实上,教育实习能够带给学生的知识与经验的确是十分有限的。这主要是因为,目前的教育实习依然以传统意义上的"学徒制"模式为主。在这种模式下,教师培养的重点始终是"教师经验"的传授。这就意味着,这些新毕业的师范专业学生往往会对他们的"师傅"产生过多的心理依赖。实际情况是,很多指导教师自身的专业水平不高,缺乏对新知识的学习和理解,因此他们所说的"经验",更多的只是一种惯性思维,处于封闭的状态,没有有效的监督和发展。这样的"经验"不利于自身专业水平的提高,更别说对职前教师学习的价值了。还有一种情况是,指导教师秉持着"实践出真知"的原则,一味强调对职前教师进行教学实践的训练,却忽视了对他们的指导,使得职前教师的"教育实习"成为一种自生自灭的"试误"式的学习过程。杜威认为,"经验"存在两个水准,一是尝试错误水准;二是深思熟虑水准。这样的教育实习,对职前教师来说就是尝试错误水准,不利于其实践性知识的学习。目前这种困境的形成,固然有很多方面的原因。但从本质上看,主要还是由"教育研究中的理论与实践分离,教师实践中教学与品德分离"造成的。这种分离现象体现在职前教师教育中,就是整个课程的设计、实施中理论与实践的"两张皮"。自教师教育诞生以来,参与教学实践对职前教师学习就具有重要的意义,但"教育实践"可以有不同的理解,因此教师教育的"实践性因子"也体现出多样的形态。

(3) 职前教师情境学习

情境学习理论吸收了传统学徒制模式的优点,但在一定程度上对传统学校教学中"知行分离"模式进行了批判。事实上,关于情境学习理论,大约在20世纪20年代就已经诞生。1929年,怀特海出版了《教育目的》一书,他在书中提到,学生在学校养成的学习方式,是其"惰性知识"产生的最根本的原因。这样的知识只能应付考试,无法对现实中的问题进行回答。因此,在"去情境"的条件下获得的知识,通常是惰性的,不具有实践性。随后,雷斯尼克对比了学生的校内学习和日常生活的学习,从中发现,校内学习是"个体化、去情境化、抽象的",而日常生活学习则不同,它是充满"合作的、情境化的、具体的",这正是校内学习的问题所在。布朗、柯林斯与杜吉德则在认知和发展的科学性原则的基础上,借鉴了传统学徒制的优点,首次相对完整地论述了情境认知与学习理论,他们强调知识的情境性,认为学习者是在情境中通过活动,与情境交互而习得知识的。因此,学习活动和认知活动都是情景化的。同时,以莱夫为代表的人类学家也对情境认识与学习问题进行了深入的探讨,并从人类学角度阐述了他们自己的观点。在这些人类学家看来,学习是学习者通过在实践共同体中,以"合法的边缘性参与"为路径,逐步走向中心并获取身份的过程。那么,情境学习理论的构建,必然要否认知识和概念是"去情境化"的独立实体,而将其"视为类似工具的东西为前提"。布朗等人在《情境认知与学习的文化》一文中对情景化学习进行了详细的论述,他们表示,知识只有放在它产生及应用的活动、情境与文化中去了解与学习,才能使学习者获得真正的理解与应用能力,孤立于情境之外的抽象概念学习,往往不是效果不彰,就是让学习者不知学习所为何用。由此推论,情境学习理论对学习的理解更为深刻,在这一视域下,学习活动不仅仅是获取特定的知识,更是一个建立"对他们在其中使用工具的世界,和对工具本身进行日益丰富的内在理解"的过程。从某种程度上来看,学习活动受到其存在的情境脉络的影响,知识并非是学习者学习的对象,而是学习者自我的发展的重要工具。因此,学习者学习的过程,本质上就是利用各种工具去掌握未知工具的过程。在明确这一点后,我们就会发现,通过学习获得的知识具有高度迁移性。那么,从社会环境角度来看,只有通过特定活动为导向的情景脉络的学习,并在特定的社会文化下,才可以更好地实现学习的目的。

情境学习是非常高效的,原因就在于这种学习方式对于"经验"的强调。这里的"经验",既有来源于学习任务的,更包含任务实践中具有特别意义的活动,以及在实践共同体中由任务所激发的学习者与专家及各个共同体成员互动所带来的营养供给。从"理论学习"与"经验"融合的视角来看,情境学习拥有以下这些特征:第一,情景学习是以实现活动为指向的。在这种思维指导下，学习者必须在学习过程中对真实的世界进行探究，并通过不断完成学习任务来取得阶段性的学习成果，进而对现实世界产生更为深刻的认知，并获得解决现实问题的能力。第二，就活动形态而言，情景学习理论能够表现出探究性。换言之，情景学习理论要求学生努力去完成特定的学习任务，特别是完成学习任务的过程。第三，情景学习具有一定的社会性支持。

2. "行为学徒"：传统学徒制分析

最早的教师教育模式是学徒制。在学徒制中，没有今天所说的教式教学，学徒主要在日常生活与学习中通过观察、模仿老师，并在老师的指导下进行学习。因此，传统学徒制是今天教师情境学习的最初来源，对于学徒制的分析，可以帮助我们增加对职前教师学习的认识与理解。

多年的教学实践表明，传统学徒制在教师培养中的主要价值体现在能够帮助新任教师更快地适应教学工作，换言之，即让新任教师快速学习"经验"。具体而言，首先，学徒制培养模式是一种现场教学，在这种模式下，新任教师可以进入更加真实的教学情境，获得更直接的教学经验，并通过观察、接受指导和实践操练的组合学习方式学习教学知识。这里教学知识指的是新任教师教学实践能够顺利实现的必备因素，是一种行动的"工具"。在学习中，学习者不仅是在获取"工具"，更是在利用"工具"的过程中增加对"工具"理解。其次，对于学徒来说，师傅是学徒制中的一个重要信息来源，是一个专家实践者。师傅的教学实践，对新任教师而言是一个生动的教学范例，师傅的经验和技能，是新任教师进行自我知识建构的主要信息源。因此，学徒制中主要是依靠师徒间的互动进行学习的。此外，学徒制的教学中有一种强烈的情感意识，即所谓的"一日为师，终身为父"，这种情感与身份认同在师徒之间、同门之间都非常容易形成，这又对新任教师的学习有着十分重要的影响。从本质上来说，这也是一种实践共同体文化的体现。由此可见，技能学习和身份认同是学徒制学习中两个重要的因素。

从另一个方面来看，我们可以发现传统学徒制在与其历史背景相融合方面的缺点。传统学徒制来源于社会对教师职业的技能性和经验性的强调。师傅具有的经验通常是无意识、传统的，学徒制中也很少涉及现代意义的教学。杜威认为，"学徒从字面上讲就是'通过做去学'"，这也导致了"工业社会之前的职业实践形式反对和阻挠理论指导",传统学徒制最大的不足就在于没有理性的思考,因此,很多学徒被迫成为"行为学徒",新任教师只能通过模仿来学习。

情境学习中最重要的是合理协调好三个关键要素的关系,即以"情境"为核心的"做"和"思"的关系。传统学徒制将"情境"与"做"密切地结合起来,即"做中学",这是传统学徒制的一大优势,但对"做"与"思"的厚此薄彼使学徒们缺少了"思"的能力,减弱了"做"与"思"之间的关联。在这种情况下,学徒逐渐丧失了基本的创新实践的能力(图3-3-2)。因此,教师情境学习应该大力提倡"思中学",将"行为学徒"转向"认知学徒"。

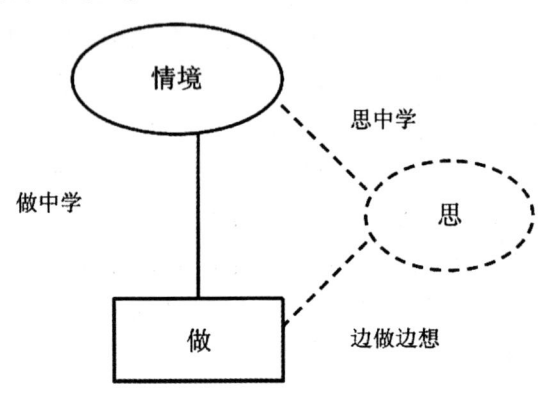

图 3-3-2 传统学徒制学习

3. "认知学徒":认知学徒制分析

简单地说,认知学徒,就是思维的学徒。柯林斯、布朗及纽曼等人在对传统学校教育中学习与情境隔绝,做与思分离的弊端的研究基础上,进一步提出了作为思维工具的知识,其方式与学徒学艺是相同的,建立了一种新的学习模式:认知学徒模式。它与传统学徒制相同,发生在专家与新手互动并完成某个任务的过程中,它"通过允许学生获取、开发和利用真实领域中的活动工具的方法,来支持学生在某一领域的学习"。这与"做中学"体现的思想是一致的,同时,认知学徒制保留了传统学徒制中示范、指导训练、搭建脚手架等核心技术,并在这些技术的基础上,加强了对思维可视化的要求,即师生双方都要最大限度地将自己的思维传达给对方（图3-3-3）。因此，认知学徒制与传统学徒制最大的不同就在于，它更加强调"做中学"中"思"的重要性。正是这样一种进步的观念，使认知学徒制不再受限于传统学徒制技能训练的弊端，在现代教学中有了更为广泛的应用。

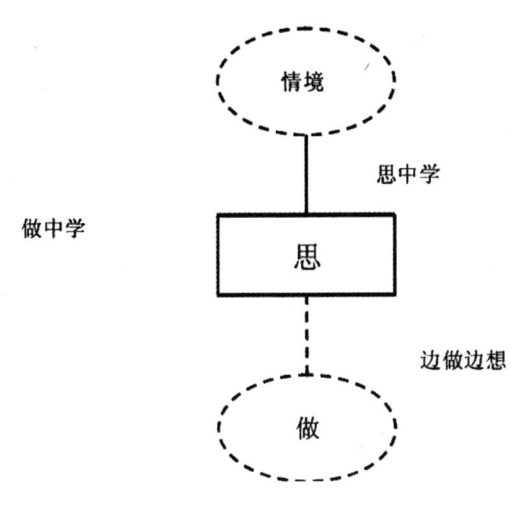

图 3-3-3　认知学徒制的学习

以传统学徒制的核心技术为基础，认知学徒制由六个教学方法构成，大致可分为以下三组。

（1）示范、指导训练和搭建脚手架。示范的目的在于引导学生学会观察，在观察中学习，在观察中获得整个任务执行过程的感悟。指导训练，指专家对学习者的学习过程进行监督，在恰当的时间采用合理的策略，帮助学习者及时把握情境中的有效信息，并对学习者的学习过程做出反馈。脚手架是专家在学习者学习过程中提供的支持，学习者在不同的学习阶段中，会遇到各种各样的问题，专家正是根据不同的阶段与问题，对学习者提供预设性的建议、帮助或提示。随着学习者熟练程度逐渐提高，脚手架的作用会渐渐隐退。

（2）清晰表达和反思。这两种方法的设计是基于认知学徒制的"思维可视化"理念的。前文已经提到，示范和指导是学徒制的核心技术，专家和学习者的互相观察是这两种核心技术的基础，但只进行观察，只能收集到一些外显的信息，无法有效发掘行动背后更深层次的思想和策略等，特别是伴随着实践运作的知识的学习，包含着大量的默会知识，越是对其详细清晰的表达，就越有可能增进学习者对其的理解，这也是共同体成员进行有效互动的基础。

（3）探究。探究可以帮助学习者不再受更多结构化的制约，使学习者有了更多自主学习的空间与机会。认知学徒制中，以"思"为中介的"做"可以实现理论知识与真实情境的完美融合，并充分挖掘知识的"活性"，这样有利于增进学生对所学知识的认知与理解，这正是其最大的优势。但另一方面，我们也必须看到，在一定程度上，认知学徒制是传统学徒制的发展与改进，虽然引入了真实的情境、问题，有效激发了学生的"做"，但终究还是具有一些虚拟性，远无法达到真实实践的程度。与此相比，舍恩强调真实的情境，特别是学习者与真实情境的互动，因此我们可以将之称为"实践学徒"的培养。

二、职前教师实践能力的培养策略

（一）创设多元化课程

1. 拓宽职前教师通识知识的广度

教师会在职前学校教育中逐渐形成实践能力，而其中开设的课程又是培养职前教师实践能力的核心。通过课程设置、评价、实施等环节，可以使学生知识水平和身心获得很大的发展，这正是课程的基本职能所在。但是很多高师院校的课程设置都或多或少存在问题，例如，课程结构不合理、课程之间的联系度不高、注重教学课程轻实践课程，千篇一律地开设"老三门"课程，一味重视课程内容的纵向联系，却忽视了之间的横向关联。虽然基本的理论知识是教师教学的前提，但一名青年教师还应该具备渊博的知识，这样才能体现出其深厚的文化修养和正确的价值观念，同时，只有实现一般知识与学科知识的融合，才能展现出全面而系统的知识结构。课程之间存在的逻辑关系和内在联系，可以将综合课程与教育专业课程结合起来，有利于突破不同学科间的限制，强化知识之间的联系，使职前教师获得关于教育的整体性、系统性知识，提高他们解决问题的综合能力。设置课程时，可以增加关于历史、音乐、美术、传统文化等方面的课程，重视学生科学、人文、自然等知识的学习。可必修课中，可以适当精简公共课的数量；在选修课中，给予学生一定的自由选择权，使教师教育课程体现出综合化的发展趋势。

2. 在实践性课程中发展教学能力

教师教育课程应该最大程度上实现能力发展与知识传授相结合、理论知识与实践知识相结合、必修课与选修课相结合，尽快满足基础教育课程的改革需求。为了解决这些问题，我们认为，应该重视教师教育课程中的实践性部分，将教育理论课程与实践课程结合起来，并在课程中融入实践性课程、讲座、选修课、必修课等多种形式，重视学生的主动性与教育体验。在课程选择上多设置实践性的课程，如观摩课程、微格教学、模拟情景教学等，并利用多种教学形式，如组织教学比赛、小组讨论等强化课程教学中的实践性因素，使职前教师在不同教学情境与教育对象中建构个体的实践性知识。此外，还要强化教学实习环节，提高实习的数量与质量，改变以往将所有实习累积到毕业年度集中安排的做法，在每个学期中平均地安排实习。同时，帮助职前教师掌握教师需要的基本技能，如教案的撰写、教学设计与组织、教学重难点的把握、课程资源的开发、班主任工作的方法以及学生的评价等能力，使职前教师的实践能力在实际体验与参与中形成并发挥。

（二）完善制度建设

1. 建立跟踪档案，更新考核评价体系

目前，师范院校对职前教师的评价指标体系普遍不具备科学性，只通过对职前教师的几句评语或几次讲课的考核来判断职前教师的综合能力，这不利于职前教师提高教学热情和教学实践能力。正如本书职前探讨的那样，教师的综合实践能力不是短时间就可以提高的，需要在听课、观课、讲课中不断学习，不断积累经验，直至走向成熟的发展。因此，必须要以每个教师个体为基础，对所有职前教师的能力进行跟踪记录，主要记录他们能力培养与成长的关键过程，建立成长轨迹档案。通过对成长轨迹档案的分析，可以清晰地发现发展过程中存在的不足，从而有针对性地完善教学理念与方法，创造出更大的发展空间。同时，从职前教师的学科背景、专业知识、教学能力、班级管理能力、评价能力等多种变量出发，为每个职前教师都建立详细、科学的评价体系与专业的职业发展标准，帮助职前教师参照发展标准找到自身存在的不足，促进评价的客观与公正。虽然没有真正统一客观的评价标准对职前教师的能力做出评价，且即使科学评价的背后也难免带有主观性，但我们应该清楚，评价的最终目的不是简单地给职前教师的综合素质打一个分数，人为地造成评价结果的高低，而是要通过评价，记录观察职前教师的能力培养的过程，便于教师及时进行反思，改进教学水平，同时也有利于学习管理部门更好地掌握职前教师的培养的详细情况，让跟踪档案成为促进职前教师不断提高综合实践能力的重要因素。

2. 职前教师实践能力培养的制度支撑

职前教师实践能力培养制度的建设是一项复杂且庞大的工作，需要国家、地方以及高校三个层面之间的共同努力。首先，在宏观层面上，国家需要制定引领性的法律法规，从根本上规划职前教师培养的目标、途径与方法，对教师资格证制度提出符合发展的新要求。即使学生完成了全部规划的课程，获得了相应的学士学位证书，师范院校也不能让学生顺利获得教师资格证，还要根据标准对学生的综合教学素质、实践能力以及普通话水平进行评价与考察。其次，在地方层面，各省市教育行政部门要认真贯彻落实国家的法律法规及政策，根据本地区的实际情况制定实施意见及制度设计，为高校与中小学之间的相互交流与合作搭建平台，为职前教师提供定岗实习、培训等实践活动。最后，对于高校来说，他们是职前教师能力培养的组织者，高校应该建立健全职前教师实践能力培养制度，通过开展教学活动、教学技能比赛、一线教师教学经验交流活动等，促进职前教师经验与能力的提升，同时针对职前教师在学习过程中遇到的疑惑与困难，进行专门的指导。高校也应该使更多的职前教师参与到课题研究中，促进职前教师与团队之间的合作交流。只有真正做到理论知识与实践能力并重，才能真正提高职前教师的学习积极性的实践能力。

（三）优化教育实践活动

1. 从知识传递到全面参与：师徒制的探索与突破

师徒制指职前教师在老教师的指导下，通过一段时间的观摩与实践，提高自己实践能力的过程。师徒制在一定程度上促进了职前教师的成长与发展，但在某些方面也存在一些弊端。从社会建构主义角度来看，这种弊端的产生主要是由于师徒间没有进行必要的参与性合作，老教师无法发挥出应有的"脚手架"的功能，使得新教师的创造力发挥受到了很大的限制。虽然存在这些弊端，但并不意味着对师徒制的教学模式要持全面否定的态度，我们应该以协同性原则为基础，努力探求师徒制新的发展方向，实现新的突破。

毛齐明在他的《教师有效学习的机制研究》一书中提出了"协同教学"的观点，这一观点最初是由美国学者弗朗西斯提出的，其最显著的特点就是强调团队教学的重要性，在一定程度上与同台共课的理念有很多相似之处。在协同教学的教学观点中，一堂课程的完成需要职前教师与老教师或其他新手教师的共同参与。从课堂效果来说，它融合了所有教师的智慧，教师在共同体中团结协作，共同处理教学中的难点，分析教学大纲。与传统课堂相比，协同教学的课堂效果显然更胜一筹。对于个体教师来说，协同教学可以将每个教师身上的优点结合起来，实现彼此间的优势互补，对于职前教师与老教师的合作，还有利于职前教师听取老教师的意见与指导，更好地发挥出老教师"脚手架"的作用。

2. 建立实践基地：促进职前教师实践能力梯度发展

目前，西方很多国家的实践基地建设已经十分成熟，这些为我国实践基地的建设提供了重要的参考和学习价值：

第一，实践基地建设要明确目标，提升职前教师的实践水平。师范类院校应该重视职前教师实践能力的培养，确定通过实践基地应达到的目标，通过对实践的时间段进行合理划分，从不同的方面规范职前教师的能力。例如，在起步阶段，使职前教师充分认识到教师活动的规律，培养职前教师的责任感，增强教学能力；在中期阶段，利用各种多媒体教学工具使学生学会建构知识结构，在课堂情境中根据不同情况指引学生进行交流与合作，以及在变化的情景中根据实际问题及时做出反应和应对策略等；在最终阶段，鼓励职前教师独立完成教学任务，培养其独立思考与研究能力。此外，在为职前教师安排实习时，要注意教师专业的对口性，使职前教师能够做到学有所用，避免出现所学与所用相脱节的想象。这些做法对职前教师的实习提出了明确的要求，规范了职前教师的实践能力，也促进了对职前教师评价的全面性和客观性。

第二,"走出去,请进来"相结合,实现合作共赢。师范院校与教育实践基地应该建立相互合作的友好关系,只有保持双方稳定的合作交流,才能实现互利共赢。因此,必须始终贯彻实行"走出去"与"请进来"相结合的合作模式,一方面,师范生要勇于走出大学,到中小学参加教学实习,在真实的课堂实践中锻炼教学能力;另一方面,邀请实践基地中有经验、有能力的一线教师们来学校举办讲座,传授教学经验,补足理论知识方面的不足。此外,一线教师也可以在师范院校中学习新的教育理念与教学模式,发现实际课堂中存在的不足,及时对教学方式与模式提出改进意见,实现互利共赢。

第三,教育部门主动配合,保障与监督共存。为了保障师范院校与中小学之间合作的顺利进行,教育部门应该给予充足的支持与配合,重视师资队伍的建设在教育实践基地中的重要作用,为教育基地配备充足的师资团队和条件。在基地建设、人员编制、资金投入、仪器设备上给予优先考虑,起到保障与监督的作用,使师范院校、中小学和当地教育主管部门三方共同负责,解决师范生实习困难的问题,为职前教师参与实习教育活动创造条件。

第四章　我国教师入职前的思想政治教育

本章将通过探讨教师入职前思想政治教育的目标、任务、内容与原则，来系统论述我国教师入职前的思想政治教育。

第一节　教师入职前思想政治教育的目标

一、教师入职前思想政治教育的目标体系

教师思想政治教育是一个复杂开放的系统，无论是教育的主体和对象、教育内容和环境、教育载体和教育方法，都是极其复杂和多样的。这也决定了思想政治教育的目标不是单一的，而是多元的。在这种情形下，我国的教师培养逐渐形成了思想政治教育的目标体系。从不同的视角来对其进行解构，可以分为不同的目标类别与层次。例如，按照教育内容的差异，可以将其分为思想教育的目标、政治教育的目标、道德教育的目标与法纪教育的目标等，每一类还可以具体细分，按照教育对象的差异，可以将其分为个体目标、群体目标和社会目标，按照教育成效的时间跨度，可以将其分为长期目标、中期目标与短期目标，按照教育目标本身的地位，可以将其分为根本目标和具体目标，等等。对教师入职前思想政治教育目标体系的分类及其价值，需要结合教师思想政治教育实际进行深入研究，限于篇幅，这里仅就教师思想政治教育的根本目标和具体目标作一简要讨论。

(一) 根本目标

思想政治教育是以提高人的思想政治素质为目的的教育活动。它总是在一定目标的指导下进行。"思想政治教育的根本目的，就是反映思想政治教育最基础、最本质的愿望和要求，体现一定社会发展的目标，它是思想政治教育的出发点和最终归属。"[1]

教师入职前的思想政治教育，旨在促进青年教师的全面成长和职业发展，其教育成果直接影响青年教师的思想品德水平与思想政治素质。因此，教师入职前思想政治教育的根本目标是提高青年教师的思想道德素质，促进青年教师自由全面发展，促使他们肩负起德育教育的神圣使命，为实现中华民族伟大复兴的中国梦贡献青春。教育的根本目标包括两个方面。

1. 提高教师的思想道德品质

一方面，要提高教师的思想政治素质。教师是进行教学和科研工作的主体，因此教师群体必须具有较高的专业素养和思想政治素养。所以，在教师入职前思想政治教育中，一定要将提高教师思想道德品质作为核心，只有这样，才能建设出服务人民、入伍社会的高质量教师队伍。

这就要求，其一，提高教师认识世界和改造世界的能力。马克思主义认识论认为，认识世界和改造世界是人类创造历史的两种基本活动。毛泽东曾在1937年的7月份发表过《实践论》一文，在该文章中，毛泽东重点强调了无产阶级与革命同志的任务是改造世界，也就是"改造客观世界的同时也对自己的主观世界进行改造，即改造自己的认识能力，改造客观世界与主观世界的关系"，并据此大胆预言"世界到了全人类都自觉地改造自己和改造世界的时候，那就是世界的共产主义时代"[2]。胡耀邦也曾强调："思想政治工作最根本的目的和任务，用一句话说，就是提高人们对世界的认识和改造的能力。"提高教师认识世界和改造世界的能力，就是要通过思想政治教育活动，帮助青年教师学习并了解客观事物的本质与规律，掌握客观事物的发展方向，然后运用自己的能力进行实践活动，进而

---

[1] 张耀灿，郑永廷，吴潜涛，骆郁廷. 现代思想政治教育学 [M]. 北京：人民出版社，2006.
[2] 毛泽东. 毛泽东选集（第一卷）[M]. 北京：人民出版社，1991.

对客观事物的存在形式产生影响，最终创造出能够满足社会与自己发展需要的生活方式。其二，帮助教师对客观世界进行改造的同时也改造其主观世界。帮助教师理解世界和改造世界的过程其实也是帮助教师认识和完善自己主观世界的过程。正如列宁所说："世界不会满足人，人决心以自己的行动来改变世界。"改造客观世界，包括改造自然界和改造人类社会；改造主观世界，核心在于改造世界观。要通过开展思想政治教育，引导教师树立马克思主义的科学世界观，掌握马克思主义观察和处理问题的立场、观点与方法。

另一方面，要提高教师的道德情操。德国古典哲学家康德曾说过："有两样东西，越是经常而持久地对它们进行反复思考，它们就越是使心灵充满常新而日益增长的惊赞和敬畏：我头上的星空和我心中的道德法则。"由此可见，康德将道德律视为自己最为珍重的东西之一。良好的道德情操是教师身心修养和人格魅力的具体体现。党的十八大报告提出，努力办好人民满意的教育，要"把立德树人作为教育的根本任务，培养德智体美全面发展的社会主义建设者和接班人"。教师要自觉地树立自己的道德底线，带头弘扬社会主义道德和中华民族传统美德，学会做人处世，自觉维护教师的职业尊严，珍惜教师的声誉。教师积极"修身养性"，即在日常的教育教学工作中，始终牢记教书育人的神圣使命。以高尚的道德情操和人格魅力潜移默化地影响学生，引导学生培养健全的人格、良好的品德和高尚的情操，帮助青年学生把握好人生方向。

2. 促进教师的自由全面发展

促进人的自由全面发展，既是共产主义的终极目标，也是社会主义的本质要求。人的自由全面发展受到了生产力发展水平的制约和社会政治制度的约束，不同的时期的社会的特点也会不同，人的自由全面发展也会有很大区别。在现代，我国已经在党的领导下建立起了社会主义制度，并在向前不断发展，社会生产力得到了空前的解放和发展，这也为人的自由全面发展奠定了良好的基础。

马克思在《1844年经济学哲学手稿》中强调，人的全面发展，就是"人以一种全面的方式，也就是说，作为一个完整的人，占有自己的全面的本质"。也就是说，在马克思看来，人的自由全面发展包括人的劳动能力、人的才能与品质、人的社会交往关系以及人与社会、自然、自身等的协调、全面发展。在生产力发展水平比较有限的社会发展阶段里，受旧式同有社会分工的限制，人很难实现自由全面发展。马克思、恩格斯在《德意志意识形态》中设想，"在共产主义社会之中，每个人都不会有特定的活动范围，他们可以选择在任何一个领域发展，社会对全部生产进行调节，所以在社会中的人们能够做自己感兴趣的事情。明天做这些事，上午捕猎，下午打鱼，黄昏放牧，晚上进行批评，这样的生活就不会让我成为一个固定的猎人、渔夫、放牧者或是批判者。"[1] 马克思主义关于人的自由全面发展的重要论述，为我们开展思想政治教育，进一步解放和发展社会生产力，促进人的自由全面发展具有重要的指导价值。

思想政治教育之根本是促进人的自由全面发展，自然，这也是教师思想政治教育的最终目标。思想政治教育是引导受教育者不断对自己的思想观念和行为进行修正的过程。只有当人从思想观念层面做出改变，其个人行为才会发生实质性改变。通过思想政治教育，学生的工作积极性、主动性和创造性都会得到一定的提高。当他们拥有饱满的工作热情时，他们才会全身心地投入到教学工作当中，投身中国特色社会主义现代化建设中，为协调推进"四个全面"战略布局，实现"两个一百年"奋斗目标和中华民族伟大复兴的中国梦而奋斗。

中国现在和将来在很长一段时间内都会处于社会主义初级阶段。受各种因素的影响，人的片面发展仍将长期存在。但这并不意味着，在教师入职前，把促进人的自由全面发展作为思想政治教育的根本目标是虚幻的、可有可无的。人的自由全面发展的根本目标犹如一面旗帜，是推动各领域、各方面思想政治教育力量共同前进的标杆。没有这面旗帜来确定方向，思想政治教育就会失去其存在的意义。因此，在改革发展的新时期，我们必须坚持以促进人的自由全面发展为教师思想政治教育的基本方向。在进行教师思想政治教育的过程中，要树立科学的发展理念，始终将谋求人与社会、自然以及自身的全面、协调、可持续发展作为教育的最终目的。值得一提的是，我们所提倡的促进教师自由全面发展，并非是指需要青年教师成为"全才"，也并非说教师应当毫无侧重性地全面提升自己的综合素质。因为，在特定的环境下，任何人的发展方向和发展侧重点都具有差异性，且同一个人在多个方面的发展也具有主次、先后之分。因此，

---

[1] 马克思, 恩格斯. 马克思恩格斯全集 [M]. 北京: 人民出版社, 1979.

在对学生进行入职前思想政治教育时，一定要帮助学生找准自己的发展重点，引导他们有侧重地提升自己，进而使自己尽快进入工作状态。

（二）具体目标

教师入职前思想政治教育的根本目标作为一种奋斗方向和价值取向，是管长远的，定方向的，它必须经过高校思想政治教育者长期的不懈努力才能实现。在教师入职前思想政治教育过程中，这一长远目标还要分解为现阶段的具体奋斗目标，用以指导不同层次、不同领域、不同部门的思想政治教育活动。通过逐步实现这些具体目标，才能最终实现思想政治教育的根本目标。由此可见，教师入职前思想政治教育的具体目标是根本目标的具体化、操作化。

教师入职前思想政治教育的根本目标是一元的，而具体目标则是多元的：这是因为根本目标作为思想政治教育的最终奋斗目标，必须旗帜鲜明，具有一定的超越性；而现实的实践活动是丰富多样的，人的思想行为的表现形式也具有极大的差异性、多变性，这就决定了思想政治教育的具体目标只能是多元的，而不是单一的。为此，教师入职前思想政治教育的不同内容所要实现的具体教育目标就不太一样。比如，思想教育主要致力于提高青年教师的思想理论水平，政治教育旨在提升青年教师的政治觉悟和政治定力，道德教育主要应帮助青年教师培育良好的师德风范，法纪教育主要在于帮助青年教师树立遵纪守法意识，等等。

教师入职前思想政治教育具体目标是具有多元性特征的。首先，这里表现出的多元性主要是由思想政治教育对象的层次性决定的。在中国，教师群体数量十分庞大，且构成十分复杂，因此，教师群体差异和个体差异都表现得十分明显。那么，在进行教师职前思想政治教育时，应当针对不同层次的教师展开差异化教学，只有这样，才能最大限度提升教师思想政治教育的成果，并满足各个水平层次教师的学习需求。其次，具体目标的多元性也与教师入职前思想政治教育目标的发展性相适应。人是一种未完成的生成性存在物。马克思在《政治经济学批判》中强调："人不是在某一种规定性上再生产自己，而是生产出他的全面性；不是力求停留在某种已经变成的东西上，而是处在易变的绝对运动中。"❶ 教师入职前思想政治

---

❶ 马克思，恩格斯. 马克思恩格斯全集［M］. 北京：人民出版社，1979.

教育的目标，将随着我国经济社会发展水平的变化而变化，随着高等教育改革发展的变化而变化，随着教师思想表现的变化而变化，具有一定的动态发展性。

总之，教师思想政治教育的根本目标和具体目标是相互联系、相互作用、互补的有机统一。根本目标指明了青年教师思想政治教育的价值取向和发展方向，而具体目标则是这一终极目标的具体化和操作化呈现。教师入职前思想政治教育的根本目标分解为一个一个具体目标，各具体目标的逐步实现又为迈向根本目标打下坚实基础。在实际工作中，一定要注意将根本目标与具体目标协同起来。

二、确立教师入职前思想政治教育目标的依据

马克思主义认为，"不是人们的意识决定人们的存在，相反，是人们的社会存在决定人们的意识"❶。思想政治教育目标的确理应基于一定的客观现实，而不能仅凭人们的主观臆断。教师入职前思想政治教育目标的确立是多种因素综合作用的结果，而这些因素在教育目标确立过程中发挥的作用又是不平衡的。其中，起主要作用的因素主要有以下几个方面。

（一）高等教育事业改革发展状况

随着改革开放的不断深化，我国高等教育事业的发展取得了阶段性成果，这为我国新时期社会的发展输送了一大批高素质的专业人才。从1977年高校恢复招生以来，高等教育的招生一直保持着较快的增长势头。在全面深化改革的持续推进下，尤其是《国家中长期教育改革和发展规划纲要（2010-2020年）》的颁行，高校在招生体制、办学体制、管理体制等体制机制上的改革取得突破性进展，高等学校办学活力得到进一步激发。随着"211工程""985工程""2011计划""双一流"建设的不断推进，高校与地区、政府、企业等主体之间的协同创新与融合发展不断深入。近年来，我国民办高等教育异军突起。与此同时，我国高等教育发展过程中也逐渐暴露出一些问题，如高校办学规模与办学质量之间的矛盾长期存在，

---

❶ 马克思，恩格斯. 马克思恩格斯文集［M］. 北京：人民出版社，2009.

一些高校片面热衷于更名、扩建、盖高楼，等等。这些当前我国高等教育事业改革发展面临的基本形势，不可避免地要对教师的思想行为产生复杂的影响。

教师在入职之前接受思想政治教育，不仅能够提升个人的职业素养与道德修养，还能尽快了解当代我国教育发展的基本情况，并掌握我国当代教育事业的综合发展趋势和改革思路。当学生对这些问题有一个整体的了解后，他们便会深刻地理解自己从事教育工作的重要性，也明白怎样工作才能真正推动我国教育事业的发展，并为未来的学生提供更优质的教育机会。如果教师入职前思想政治教育的目标偏离高等教育改革发展的基本现状，脱离高等学校发展实际，据此开展的教师入职前思想政治教育就将成为无源之水、无本之木，其实际教育效果也就很难令人满意。

（二）经济社会发展的客观形势

思想政治教育本质上属于上次建筑的一种意识形态，因此思想政治教育的发展也是建立在一定的经济基础之上的。马克思主义理论指出，经济社会发展最终是由生产力推动的。所以，在当下，只有我们能够准确地分析和把握我国未来社会经济发展的趋势和基本特征，才能够做好教师思想政治教育的规划和准备。确立教师入职前思想政治教育的目标，无论是根本目标，还是具体目标，都要基于我国现在处于并将长期处于社会主义初级阶段这一基本判断，都应从当前我国经济社会发展的客观形势出发，而不能离开这一总的基本形势。否则，就容易脱离实际，把思想政治教育目标定得过高或者过低，思想政治教育也往往事倍功半，得不到应有的教育效果。

当前，我国经济社会发展正面临难得的重大战略机遇期。随着国民消费结构不断升级，产业结构和布局不断优化，城乡发展一体化加快，科技进步迅速，开放型经济全面提高，供给侧结构性改革深入推进，经济发展活力进一步释放，经济发展进入速度变化、结构优化、动能转换的新常态。在这一时期，我国的社会经济发展也进入了矛盾凸显期。人口、资源、环境之间的矛盾日益加剧，如何解决好这些矛盾，如何推动我国全面平衡发展，是当下我国各行各业工作者都面临的问题。与此同时，随着我国综合国力的不断提升，中国在国际上的地位得到了进一步提升，但这也引起了各个国家对中国的广泛关注，导致中国的国际竞争压力日益增大。随着创新、协调、绿色、开放、共享的发展理念以及创新驱动发展战略的确立实施，我国在改善民生和创新管理中各项社会建设得到了显著加强。当前，中国共产党正全面推进"四个全面"战略布局，带领全国各族人民积极为实现"两个一百年"奋斗目标和中华民族伟大复兴的中国梦而奋斗。这些构成了教师入职前思想政治教育的现实基础。

三、教师入职前思想政治教育目标的价值

在历史唯物主义看来，合目的性是人类社会实践活动的重要特征之一。马克思在《资本论》中对人类实践活动的目标所具有的能动作用给予了很高的评价，强调："蜜蜂建筑蜂巢的能力让人类中的很多建筑师感到羞愧。但是，即便是能力低下的建筑师也比一只最灵巧的蜜蜂高明，这是因为建筑师在使用蜂蜡进行蜂房建筑之前就已经在大脑之中建筑好了蜂房。劳动之后得到的结果在一开始就已经存在于劳动者的大脑之中，这表示观念已经存在。它不仅能够对客观事物的形式产生影响，还能够对客观事物上实现自己的目的。"明确教师入职前思想政治教育的目标是推动教师思想政治教育的核心力量，也是提升教学成果的必要保障。如果教育目标不明确，或者教育目标的制定不符合教师的学习需求，那么青年教师的思想政治力量水平就无法得到提升，他们自然也无法游刃有余地将这些理论知识转化为现实行动。

（一）为创新教师入职前思想政治教育提供动力

思想政治教育目标确立后，会产生很强的导向作用，促使教育者和教育对象努力向这一目标靠拢。思想政治教育目标能够为思想政治教育创新提供基本动力，并在一定程度上激发青年教师的自主学习积极性。

一方面，对即将入职的教师而言，思想政治教育可以帮助他们明确工作的目标和方向。事实上，思想政治教育本身就具有较强的感召力量；而思想政治教育的具体目标往往也就是在一定时期内的某一特定任务所要达到的具体目标，它具有一定的时限性，可以用具体的标准予以衡量，是看得见摸得着的实实在在的东西，能够极大地激发教育主体的工作积极性，

努力去实现这一目标。另一方面，对于作为教育客体的教师而言，思想政治教育所确立的目标就是一定社会、一定组织对自身思想理论、政治修养、道德品质等方面的基本要求，也是教师提升自我的衡量标尺与奋斗目标，能够给教师产生巨大的激励、引导作用。

（二）为推进教师入职前思想政治教育指明方向

目标指引前进的方向，方向则为实现目标提供基本遵循。恩格斯在《路德维希·费尔巴哈和德国古典哲学的终结》中指出："活跃在社会历史领域之中的人是那些追求某种目的并经过深思熟虑进行果敢激情行动的人；如果没有主动的行动意图和预定的目标，任何事情都不会发生。"教师思想政治教育作为一项实践活动，不是随意开展的，而是在一定目标指导下的自觉行动。教师入职前思想政治教育的目标内在规定了思想政治教育的基本方向。加强和改进教师入职前思想政治教育一定要自觉地沿着目标所指引的方向前进，这样才能保证思想政治教育不会误入迷途，变质变色。

教师入职前思想政治教育的根本目标是提高青年教师的思想道德素质，促进青年教师的自由全面发展。是由实现了这一目标，广大青年教师才能真正肩负起立德树人、教书育人的神圣使命。也只有青年教师群体真正理解学习思想政治的意义，他们才能端正自己的工作思想，并以健康、积极的形态参与到教学工作当中。这一根本目标就从总体上规定了教师入职前思想政治教育的最大方向，对高校思想政治教育者开展具体的思想政治教育活动具有重要的引导和凝聚作用。同时，教师入职前思想政治教育的具体目标，也以其特有的多元方式确保根本目标的逐步实现与思想政治教育的共产主义方向。

（三）为评估教师入职前思想政治教育成效提供依据

思想政治教育目标在指引教育行为的同时，也为评估思想政治教育的成效提供了参考。对于当代教师而言，他们的思想政治发展目标必然是建立在我国当前经济社会发展基本现状之上的，同时也受到我国高等教育事业发展和改革成果的影响。从另一角度来看，教师思想政治教育的目标也能够反映出当前我国社会发展、教育改革与个人需求得到满足的程度，因而将思想政治教育目标作为评估教师思想政治教育成效的衡量标准是较为适宜的。

教师入职前思想政治教育评价涉及的因素很多，而其中最为重要的就是思想政治教育目标。因为，开展教师入职前思想政治教育是为了实现一定的教育目标，判断青年教师思想政治教育活动是否有成效以及成效大小，其中最直接的衡量标准就是思想政治教育目标。总体而言，有助于实现教师思想政治教育目标的教育活动，就是有成效的教育活动；实现教师思想政治教育目标的程度越高，则这一教育活动的成效也越高。反之，就是没有成效的教育活动。

第二节　教师入职前思想政治教育的任务

教师入职前的思想政治教育本身也是高校教育中的重要组成部分。高校在培养教师专业人才时，不仅要注重学科专业能力和教育教学能力的培养，还必须注重思想政治方面的教育。教师入职前思想政治教育任务是思想政治教育目标的具体化。与思想政治教育目标一样，教师入职前思想政治教育任务也具有层次性：即根本任务、主要任务与具体任务。三个层次的任务相互作用，相互影响，构成相互联系的有机整体。根本任务贯穿教师入职前思想政治教育全过程，起着统领作用。抓住了根本任务，也就抓住了青年教师思想政治教育任务中的主要方面。限于篇幅，这里仅就教师入职前思想政治教育的根本任务以及完成此任务的基本要求做简要讨论。

一、教师入职前思想政治教育的根本任务

教师入职前思想政治教育根本任务是思想政治教育在高等教育改革发展中承担的最重要的职责，是为了达到青年教师思想政治教育根本目标所需要完成的最基本的工作。2013年5月4日，习近平在同各界优秀青年代表座谈时，向广大青年一代提出了"坚定信念理想、练就过硬本领、勇于创新创造、矢志艰苦奋斗、锤炼高尚品格"的殷切期望。2013年5月，中

共中央组织部、中共中央宣传部、中共教育部党组联合印发的《关于加强和改进教师思想政治工作的若干意见》(教党〔2013〕12号)指出:各地各高校党组织要"通过政治上主动引导、专业上着力培养、生活上热情关心,促进广大青年教师坚定信念理想、练就过硬本领、勇于创新创造、矢志艰苦奋斗、锤炼高尚品格,全面提高思想政治素质和业务能力",为我们指明了当前教师入职前思想政治教育的根本任务与基本要求。

(一) 练就过硬本领

"非学无以广才,非志无以成学。"广大青年教师是社会文化的缔造者,是推动社会不断发展的中坚力量。中国梦的实现,离不开青年教师们的贡献。在对即将入职的教师进行思想政治教育时,一定要帮助他们树立坚持学习的基本意识。只有青年教师练就过硬本领,才能在实际教学工作中取得突出的成就。因此,我们必须引导青年教师积极参与各种培训,不断提升自己的专业能力,并引导青年教师将所学的知识运用在工作实践当中。

练就过硬本领,一是要自觉加强学习。教师要把学习当作一种精神追求、一种生活方式,如饥似渴地加强学习。要增强危机意识,广泛学习科学文化知识,不断汲取反映当今世界最新文明发展成果的各种新知识。要把学习掌握马克思主义理论作为看家本领,静下心来读原著、悟原理,在入耳、入脑、入心,真学、真懂、真信、真用上下功夫,在深学、细照、明辨、笃行上见实效,补精神之"钙",培思想之"源",在不断学习中建设自身的精神家园。二是要深入实践。早在1963年5月,毛泽东就强调:"人的正确思想是从哪里来的?是从天上掉下来的吗?不是。是自己头脑里固有的吗?不是。人的正确思想只能从社会实践中来,只能从社会的生产斗争、阶级斗争和科学实验这三项实践中来。"要引导青年教师通过挂职锻炼、志愿服务、调查走访等多种形式广泛深入实践,密切联系群众,把理论知识与社会实际相结合,不断在实践中锻炼自己,增长本领。三是要学以致用。学用结合是加强学习的重要目的。要引导教师把学到的知识、练就的本领同自己的本职工作相结合,爱岗敬业、勤学善思,切实提高自身教书育人的业务能力。

（二）锤炼高尚品格

习近平总书记在同各界优秀青年代表座谈时指出，"广大青年一定要锤炼高尚品格"❶。这正是党和国家、人民对青年成长成才的殷切期望，也是实现中国梦对青年一代的必然要求。青年是时代最灵敏的晴雨表，他们的思想品德素质在很大程度上代表了一个民族、一个国家的道德水准和精神面貌。教育引导教师自觉加强品格修养，锤炼道德品质，能够优化青年教师的精神家园，对促进青年教师健康成长至关重要。

教师入职前思想政治教育要帮助青年教师锤炼高尚品格。具体来讲，首先，通过入职前思想政治教育，我们要帮助青年教师培养良好的师德修养。教师的使命是教书育人，而在育人的过程中，道德育人是最为重要的。如果教师自身缺乏道德素养，那必然无法为学生做好榜样。"道德之于个人、之于社会，都具有基础性意义，做人做事第一位的是崇德修身。"❷ 教师要自觉明大德、守公德、严私德，自觉遵照教育部《关于建立健全高校师德建设长效机制的意见》（教师〔2014〕10 号）文件精神，提高自身的师德风范，做好为人师表，保持一身正气。其次，通过入职前思想政治教育，我们要帮助青年教师树立起社会主义核心价值观。社会主义核心价值观是推动当代中国社会走向和谐、可持续发展的必经之路。也是促进社会精神文明进步的必然要求。最后，要教育青年教师自觉树立和践行社会主义核心价值观。"核心价值观，其实就是一种德，既是个人的德，也是一种大德，就是国家的德、社会的德。国无德不兴，人无德不立。"❸ 社会主义核心价值观既是教师思想政治教育的指导思想，又是其重要内容。教师思想政治教育既要以社会主义核心价值观为统领，又要积极组织青年教师学习、践行社会主义核心价值观，带头倡导良好社会风气。

---

❶ 中共中央文献研究室编. 十八大以来重要文献选编（上）[M]. 北京：中央文献出版社，2014.

❷ 中共中央文献研究室编. 十八大以来重要文献选编（中）[M]. 北京：中央文献出版社，2016.

❸ 中共中央文献研究室编. 十八大以来重要文献选编（中）[M]. 北京：中央文献出版社，2016.

(三) 坚定信念理想

信念与理想是一个人在社会上的立身之本，如果没有树立坚定的信念与正确的理想，那么这个人便很容易陷入迷茫与慌乱，便会怀疑生活的意义，并最终荒度青春。对于教师的成长而言，树立崇高的信念理想是推动其职业生涯发展的基础，因此帮助青年教师群体坚定信念理想，是教师思想政治教育的重要任务。习近平总书记高度重视加强青年的信念理想教育，他多次强调，信念理想动摇是最危险的动摇，信念理想滑坡是最危险的滑坡。习近平总书记强调："广大的青年们一定要坚定理想和信念，'功崇惟志，业广惟勤'。理想是指引着人的人身方向，信念是决定着人的事业成败，没有理想和信念，就会让人的精神'缺钙'。中国梦是全国各民族人民的共同理想，也是中国青年应该树立的伟大理想。我们党带领人民历经千难万苦找到实现中国梦的正确道路，也是广大青年应该牢固树立的人生信念。"习近平总书记提出的坚定信念的基本要求不仅是面向教师，更是面向全中国的所有的青年。习近平总书记号召当代青年要自觉加强对中国特色社会主义道路的自信、对理论的自信、对制度的自信以及对文化的自信，要为中华民族伟大复兴的实现奋斗。当前，我们发展社会主义市场经济，实现"两个一百年"奋斗目标，在新的基础上推动中国特色社会主义事业继续前进，更需要有崇高理想和坚定信念的青年一代为之不懈努力。

(四) 勇于创新创造

创新是马克思主义鲜明的理论品格，这种固有品格是马克思主义永葆生机与活力的内在根据。可以说，一部马克思主义的发展史，就是一部马克思主义经典作家在批判借鉴前人思想基础上的创新史，也是一部把马克思主义基本原理同中国实际相结合的创新史。"创新是一个民族进步的灵魂，是一个国家兴旺发达的不竭动力，也是一个政党永葆生机的原泉。"习近平总书记也多次强调，创新是中华民族最深沉的民族禀赋。2015年3月，中共中央、国务院印发《关于深化体制机制改革加快实施创新驱动发展战略的若干意见》，把加快实施创新驱动发展战略上升为国家意志。培养教育对象的创新创造意识，提高创新创造能力，也是思想政治教育的重要任务之一。

教师要有敢为人先的锐气，敢于解放思想、与时俱进，勇于挣脱固有思维方式的禁锢，在实践中上下求索、开拓创新。创新创造的过程往往充满不确定和各种难以预料的坎坷波折，青年教师要培养百折不挠、勇往直前的坚定意志。正如李大钊所言，青年要"为世界进文明，为人类造幸福，以青春之我，创建青春之家庭，青春之国家，青春之民族，青春之人类，青春之地球，青春之宇宙，资以乐其无涯之生"，这是何等豪迈的青春宣言！

总之，教师入职前思想政治教育的根本任务是思想政治教育根本目标的具体化，对于实现思想政治教育根本目标具有重要意义。其中，坚定理想与信念是灵魂，锻炼出过硬的能力是核心，勇敢进行创造、创新是根本，培养高尚的品格是基础，这五个要素是相互联系、相互作用的关系，共同构成一个严密完整的思想政治教育任务体系。

二、教师入职前思想政治教育任务的基本要求

教师入职前思想政治教育的根本任务为确定一定时期思想政治教育的主要任务乃至具体任务指明了方向。尽管完成教师入职前思想政治教育各层次的任务，它们的具体要求是不太一样的，应该以完成任务时遇到的具体条件为转移，这才符合马克思主义具体问题具体分析的理论精髓。但正如马克思所言："人们所创造出的自己的历史，不是以他们选择的条件为基础，也不是任由他们随心所欲地创造，而是以他们直接遇到的、既定的、继承过去的条件为基础进行创造的。"所以教师入职前思想政治教育并不是无章可循的，它必须遵循一些最基本的要求，这一点又是确定的。这就为我们从一般意义上对完成教师入职前思想政治教育任务的基本要求进行讨论奠定了可能性。

（一）专业上着力培养

教师的教育教学专业技能水平是站稳、站好讲台的看家本领。完成教师入职前思想政治教育任务，最直接的要求就是要帮助青年教师提高专业素养。

一是要加强教师培训力度。要健全新进青年教师岗前培训、在职轮训和脱岗集训制度,除了加强高校教师师德规范教育外,还应设置一定的教师专业技能培训课程,邀请各高校一线优秀教师代表集中授课,帮助青年教师掌握一定的专业技能,以更好地适应高校教师角色。

二是要完善教师帮扶机制。高校要更加注重帮助青年教师提高专业技能,建立完善新、老教师"结对子""传帮带"的帮扶机制。要动员学术造诣深厚、品德修养优秀的老教师与青年教师结成帮扶对子,在教育教学、课题申报、科研训练、组织管理等专业技能上进行精准帮扶,有效提升青年教师的专业技能水平。要关心留学归国青年教师,帮助他们尽快适应国内环境,提高自身的专业技能。

三是要建立起一个平台,能够让教师有可持续的发展和成长。建立起科学、合理并且符合高等教育规律和青年教师成长特点的高校用人机制,同时,还要搭建起一个科学、合理、完善、公平公正的人才考评机制。只有这样,教师才能够得到良好的成长与长远的发展,并且能够提高教师的道德水平、专业能力、教学技能,使得一些优秀的青年教师能够脱颖而出。要创造出一个良好的环境,不断完善发展平台,为科研水平和教学业绩特别突出的青年教师创造破格晋升机会,并纳入高校学科领军人物和后备干部培养体系,让更多富有创新创造能力的优秀青年教师成为带动青年教师群体努力进取的先进典范。

(二)政治上主动引导

思想政治素质在教师素质结构中居于主导位置,切实加强教师思想教育引导是思想政治教育的首要任务。

一是要抓好政治理论学习这个根本。要健全青年教师政治理论学习制度,通过座谈会、报告会、研讨会、培训班、读书班等行之有效的方式,引导教师学习马克思列宁主义、毛泽东思想和中国特色社会主义理论体系,深入学习贯彻习近平新时代中国特色社会主义思想,帮助青年教师坚定中国特色社会主义道路自信、理论自信、制度自信和文化自信。要组织青年教师参观红色旅游基地、爱国主义教育基地,加强信念理想教育,努力提高青年教师政治理论素养,做政治上的明白人。

二是要抓好适时开展形势政策教育这一基础。高校思想政治教育工作者要结合国际国内形势发展变化、党和国家重大政策措施、高等教育领域综合改革举措的出台等契机,积极宣讲我国经济社会各项事业改革发展取得的新进展、新成绩、新气象,提升教师的精气神。要努力回答教师普遍关心的热点难点问题,及时帮助青年教师化解思想疑虑,提高思想共识,以更好地了解党情、世情、国情与校情。

三是要抓好党员青年教师的党性修养这个核心。加强党性修养是每一个合格党员的永恒追求。要引导青年教师自觉学习党的历史,学习党章党规,学习党的基本理论、基本路线、基本纲领、基本经验、基本要求,继承和弘扬党的优良传统和作风,并结合全党上下正在开展的"两学一做"教育实践活动增强自身的党性修养。

(三) 待遇上及时保障

在很多情况下,人的思想问题都是由物质利益问题引发的。故而,马克思主义历来强调解决人的思想问题要与解决他们的实际利益问题结合起来。马克思曾经强调:"人们为之奋斗的一切,都同他们的利益有关。"马克思、恩格斯在《神圣家族》中强调:"'思想'一旦离开'利益',就一定会使自己出丑。"1948年4月,毛泽东同志在对《晋绥日报》编辑人员的谈话中强调:"马克思列宁主义的基本原则,就是要使群众认识自己的利益,并且团结起来,为自己的利益而奋斗。"1978年12月,邓小平在《解放思想,实事求是,团结一致向前看》中指出:"不讲多劳多得,不重视物质利益,对少数先进分子可以,对广大群众不行,一段时间可以,长期不行。革命精神是非常宝贵的,没有革命精神就没有革命行动。但是,革命是在物质利益的基础上产生的,如果只讲牺牲精神,不讲物质利益,那就是唯心论。"可以说,马克思主义在重视精神激励的能动作用,抓好精神文明建设的同时,也十分注重物质利益的激励作用。

教师入职前思想政治教育要注重在提高青年教师的待遇上下功夫,逐步提高青年教师的收入水平。要深化高校收入分配制度改革,制定分配政策时适当向青年教师倾斜,让教师有实实在在的获得感。此外,还要发挥精神激励的能动作用,激发青年教师投身教育教学的积极性。

(四) 生活上热情关心

"生活世界"是现象学大师胡塞尔(Edmund Husserl)晚期思想的重要

范畴。思想政治教育生活化倡导对教育对象生活世界的回归，是近来思想政治教育创新发展的重要趋势之一。在早期社会中，"一个人是通过共同生活的过程来教育自己的，而不是被别人所教育的"；放眼当代社会，"儿童，乃至成年，都是在他们的环境、家庭和社会中，直接地、现成地吸取经验，从而获得他们大部分的教育的。"很长一段时间以来，我国思想政治教育偏重于其经济、社会、文化的工具性价值，在一定程度上淡化了满足人的精神创造与生活需要的主体性价值。回归生活世界，就是"由抽象的人走向生成的人，从分裂的人走向完整的人，从人与世界的分裂走向人与世界的统一"。[1]

教师入职前思想政治教育生活化，就是要观照青年教师的生活世界，将生活纳入思想政治教育场域之中，从现实生活的视角考虑思想政治教育的基本问题，引导青年教师追求幸福生活、体验快乐生活、实现自身价值。这种以现实的人为主体、以现实生活为中心、以教育为导向的思想政治教育模式，构成了教师入职前思想政治教育生活化的具体范式。

教师在入职之前进行思想政治教育要始终坚持解决教师思想问题与解决教师实际问题相结合的原则，努力解决青年教师在思想和生活上的困难、要建立起一个健全的领导干部与青年教师谈话交流的制度，及时关心青年教师在生活中和工作上的难题，并且实地解决青年教师子女的上学、住房以及收入的问题。另外，还要对青年的教师身体健康和心理健康保持持续关注，对教育环境中的人文关怀制度和心理疏导机制进行不断完善，切实帮助青年教师调适心理压力，舒缓职业倦怠，提高心理健康水平。

综上所述，完成教师入职前思想政治教育的任务必须遵循一定的基本要求。其中，政治上充分信任、工作上大胆使用、生活上真诚关心、待遇上及时保障四个方面的要求相辅相成、相互作用，共同构成了有机统一的系统整体。在推进教师入职前思想政治教育时，只有善于整合四个方面的积极因素协同发力，思想政治教育任务才能得到更好的完成。

---

[1] 陈飞. 回归生活世界——思想政治教育研究的一个视角 [M]. 北京：人民出版社，2014.

第三节　教师入职前思想政治教育的内容

一、教师入职前思想政治教育的主要内容

（一）开展信念理想教育

1. 信念含义及其特征

信念也是人类特有的一种精神现象，是认知、情感和意志的有机统一体，是建立在一定认识基础上的对某种思想或事物坚信不疑并身体力行的心理状态和精神状态。信念作为一种精神现象，带有一定的感情色彩。信念是实现理想的阶梯，理想的实现只有配合坚定的信念，即主观上理性的理解和情感的认同，才能得到真正体悟和践履。理想和信念是密不可分的。追求理想的过程中，坚强的意志不可或缺。

信念的特征：（1）稳定性。信念具有稳定性的根本原因在于它植根于个人和群体长期实践的土壤，历久弥新，其中浸透个人和群体长久日新的情感因素。（2）执着性。即长久关注并力行于一个方向。（3）多样性。由于众多的原因，不同的人会形成各不相同的信念，并且随着实践的变迁而改变。

2. 理想含义及其特征

理想作为一种精神现象，是人类社会实践的产物，从一定意义上讲，理想是人们在实践中形成的，有可能性实现的、对未来社会和自身发展的向往与追求，是人们的世界观、人生观和价值观在奋斗目标上的集中体现。理想的特征：（1）实现的可能性。它立足于现实，是在现实基础上对未来的可行性设想。（2）时代性。理想的产生是社会条件的产物。不同的生产力发展水平，不同历史时代，不同阶级的人有着决然不同的理想。（3）阶级性。在阶级社会里，理想总是打上了阶级的烙印，任何人的理想

总是从他们所处的阶级地位和阶级利益出发的，没有也不可能有超阶级的社会理想。（4）实践性。社会实践是理想产生的土壤与根基，人们理想的高度和实现可能的程度与社会实践的程度密切相关。

现阶段，在教师中开展信念理想教育，就是要推动青年教师从认知到认同，再到坚信和信仰共产主义远大理想，既要仰望星空，又要脚踏实地，目前要将思想统一到实现中华民族复兴的伟业上来，统一到实现"两个一百年"奋斗目标上来。

（二）开展马克思主义理论教育

马克思主义作为一门科学，是关于整个世界，尤其是人类社会产生发展规律的学说，它是无产阶级的思想体系，是为无产阶级和广大劳苦大众的解放乃至全人类的解放而斗争的学说，它有严密的科学体系，有彻底的科学性。其最核心的社会理念就是实现无产阶级和人类解放，建成人类的自由而全面发展的共产主义社会。它的内容主要包含三个大的方面，即辩证唯物主义和历史唯物主义（马克思主义哲学），政治经济学和科学社会主义，包括唯物史观、剩余价值学说和科学社会主义等在内是马克思主义理论体系的最核心的内容，它对实现无产阶级和人类解放，实现人类的自由而全面发展进行了严密和完整的科学论证。马克思主义是中国共产党的根本思想，也是我国各民族的行动纲领，马克思主义既包含了马克思的经典思想著作，还包含了毛泽东思想与邓小平理论以及发展中的中国特色社会主义理论体系。

伟大的时代孕育伟大的思想，伟大的思想推动伟大的时代发展，而伟大的思想之所以伟大，就在于它适应了时代的不断发展而不断完善使自身能够实现与时俱进。千年之交，在一个由西方媒体组织评选的千年最伟大的思想家的活动中，出现的一个令人深思的现象就是，为什么马克思能够独占鳌头呢？这是因为他所创立的理论具有真理性，并且始终对自身理论的发展抱着一种开放的心态，使之能够与时俱进。所以，作为真理的马克思主义，无论是在西方资本主义国家还是以马克思主义为指导的社会主义国家，都得到了亿万人民的推崇和爱戴。

1. 马克思主义具有持久的生命力

马克思主义的理论特质就是现实性，它立足于人们所在的现实来建构多数人的理想大厦。马克思主义经典作家总是根据实践的发展和时代的变化来完善自己的理论，总是以实践为标准不断完善自己的观点从而更好地应用和指导自身的实践。例如对《共产党宣言》的修改、补充和完善中，在1872年《共产党宣言》发表24周年时，强调"所阐述的一般原理整个说来直到现在还是完全正确的"，同时"随时随地都要以当时的历史条件为转移"。"马克思主义发展史是马克思、恩格斯及其后继者根据时代、实践和认识而发展的历史。它是一部不断吸收人类历史上一切优秀思想文化成果，丰富自身历史的历史"。可见，虽然马克思主义理论产生于近代资本主义繁盛时期，但马克思主义经典作家根据资本主义的变化不断丰富和完善自身的理论，真正实现了自身理论的与实践俱进。

2. 马克思主义是科学的又是崇高的

马克思主义是吸收了近代社会科学和自然科学的一切有益的成分，在此基础上通过马克思、恩格斯这些经典作家的天才劳动，才创立了关于无产阶级和人类解放规律的科学。马克思主义理论体系的创立及应用，推动了社会主义成功实现了由空想到科学，由理论到实践，由一国到多国，由挫折到辉煌的华丽转变。传统马克思的唯物史观社会主义、共产主义不是人们主观道德情感的产物，而是物质运动发展的必然结果。建立在科学与严密逻辑推理基础上的剩余价值学说，科学揭示了资本主义社会矛盾运动的本质，提出了"两个必然""两个绝不会"的科学论断，指明了人类社会的共产主义社会发展的大趋势。总之，理论的真理穿透力与实践的正确性检验充分证明了马克思主义的科学性和崇高性。

3. 马克思主义以改造世界为己任

伦敦的海格特公墓马克思的墓碑上的名言："哲学家们只是用不同的方式解释世界，问题在于改变世界。"表明马克思主义改造世界的任务，即马克思、恩格斯创立的学说，就是为了指导人们正确地改造世界。中国人原来不知道马克思主义，可是马克思恩格斯却关注着中国。马克思、恩格斯在他们的《中国革命和欧洲革命》等文章中，都对中国人民革命的前途与命运给予了深切的同情、热切的指导和分析。

总之，进行马克思主义理论教育是开展教师入职前思想政治教育的首要任务和基本内容，用马克思主义以及其中国化理论，武装广大教师成为教师入职前思想政治教育最为重大的贯彻始终的政治任务。进行马克思主义理论教育也是保证教师在政治上永远合格，成为一名忠诚于党和人民的高等教育事业的合格教师的首要条件。

（三）开展社会主义核心价值观教育

社会主义核心价值观是外在体现，是社会主义核心价值体系的内核。社会主义核心价值观以细化的可操作性的文字表述体现中国特色社会主义的内在要求。社会主义核心价值观是社会主义意识形态的本质体现。社会主义核心价值观教育是青年教师思想政治教育的基本内容。社会主义核心价值观是在核心价值体系基础上凝练概括而来，是核心价值体系的本质体现。社会主义核心价值观是中国最先进阶级及其政党思想的体现，代表着中国最先进的思想，体现了时代发展的方向，具有开放性、包容性、统摄性和导向性功能。培育和践行社会主义核心价值观，要坚持马列主义的指导思想，坚持中国特色社会主义共同政治信仰，这就是我国社会主义意识形态的本质。面对各种思想冲击和文化影响最大限度地形成社会思想共识，就必须坚持社会主义核心价值观，高校要针锋相对地对各种错误社会思潮本质进行揭露和批判，做到这一点，青年教师的核心价值观教育就是当务之急。

当前教师的社会主义核心价值观教育不能仅仅局限于理论上的阐释，更为重要的是从青年教师所喜闻乐见的形式中去寻找渗透社会主义核心价值观的机会。主要表现在三个方面：一是要抓住现有的机会进行渗透，二是要创造机会全力进行渗透，三是要研判未来可能出现的机会预先进行前期渗透。核心价值观的引领需要榜样的示范，需要进一步转化为具体的现实的人、事和物。对青年教师而言，既要有抽象的认知，更要有具体的感知和感受。对于高校宣传思想教育部门而言，思想观念转变尚需时日。长期以来，我们的宣传教育工作者总是高高在上，以社会国家利益的代表者身份进行，这与年轻人骨子里要求平等的心理需求是格格不入的，表面上的唯唯诺诺并不代表内心真正的服从，甚至得到相反的效果。这就要求宣传思想教育工作者不仅仅要从形式上去贴近实际、贴近生活、贴近实践，更为重要的是心怀一颗传播社会主义核心价值观的红心，真正从内心转变自身角色，以一颗平常心去做"平常事"，放下架子，降低身段，于细微处见真功夫，于无声处见有声，于无形处见有形。

(四) 开展实践教育

实践教育就是以活动的方式达到教育的目的，即教育实践活动寓教育于实践活动之中。以此来提高教师入职前思想政治教育的实效性。它符合马克思主义的理论与实践相统一的原理。"人的思维是否具有客观的真理性，这不是一个理论的问题，而是一个实践的问题。人应该在实践中证明自己思维的真理性，即自己思维的现实性和力量，自己思维的此岸性。"马克思的话指明了实践教育的重要性。因为对于马克思主义而言，其本身就是深深植根于实践并在实践中不断获取发展所需的营养，其价值也是在指导人民大众的生动实践中来体现的。实践是不断发展而且永无止境，对于青年教师思想政治教育而言，也需要与时俱进，不断根据变化的实践来开展实践教育。

当前对青年教师开展实践教育活动，最为紧迫的任务就是要引导广大青年教师在教书育人过程中，在投身改革开放、社会主义现代化建设实践中来充分体悟和验证，尤其要深切悟透当代中国马克思主义最新理论成果——习近平新时代中国特色社会主义思想，通过实践来进一步坚定学习贯彻落实习近平新时代中国特色社会主义思想的理论自觉性、实践践履性。

(五) 开展教师职业道德教育

开展教师职业道德教育是加强和改进高校教师职业道德状况和提升教师职业道德水平的现实需要。在当今中西文化相互交流、交融、交锋，激荡起伏的世界大格局下，高校教师，尤其是青年教师面临着许多的选择与困惑，加上自身修养不够，更容易为外物所惑。"乱花渐欲迷人眼"，具体在现实中少数青年高校教师信念理想模糊，育人意识淡薄，教学敷衍，学风浮躁，甚至学术不端、言行失范、道德败坏等，严重损害了高校教师的社会形象和职业声誉。这些问题的长久存在，看似不起眼，甚至无关大局，但从长远角度来看，却危害甚大。所以，高校在建立健全高校师德建设长效机制过程中，首先，要充分运用辩证思维，分清主次，突出矛盾主要方面，按照以德施教、立德树人的主线要求深入细致地开展工作。强调以德施教，需要充分发挥校内校外的合力机制，形成德高为师，德高者施教的良好风气和氛围。关键点就是建立健全师德考核约束机制，这是实现职业道德教育的根本制度保障。其次，要抓好青年教师的职业道德自律，通过青年教师的自我道德调节，青年教师协会的公约来增强青年教师自我职业道德约束，自我道德提升发展，使青年教师自我职业道德走上一条良性发展的轨道。与建立健全师德考核约束机制相结合，他律与自律相统一。最后，营造青年教师职业道德自律的良好氛围。通过青年教师中职业道德优秀典型的示范，职业道德模范的评选和大力宣传报道，打造以遵守职业道德为荣，不守职业道德可耻的浓厚氛围。

第四节 教师入职前思想政治教育的原则

一、坚持以人为本原则

以人为本是科学发展观的核心，其提出源于我国以往经济发展中片面追求 GDP 高速发展的弊端。它摒弃了以往"见物不见人"的惯性思维，将人的发展摆在最为根本的位置。

首先，以人为本强调一个"人"字。这里的"人"既相对于神，也相对于物。如果说神是人格的虚化与夸大，其本质还是人，那么物与人的区别就在于有无自身鲜明的个性特征，但现代社会人们往往因为追求物质财富而忽视了人的个性发展，不是个人支配生活条件，而是生活条件支配个人，这就出现了马克思所言的人的异化。教师在整个高等教育体系中无疑承载了高校未来发展的使命和方向，可以说，教师发展状况如何，直接关系着整个中国社会主义现代化，中国梦实现的质量与进程。而现实生活中，广大青年教师往往处于高校教师链的最底端，既承担了最为繁重的教学与科研任务，也是家庭的顶梁柱，所以在教师思想政治教育中贯彻以人为本原则，就是要从广大青年教师的生活条件入手，切实解决其生活条件的短板。

其次，以人为本强调一个"本"字。我们所说的"百年大计，教育为本，教育大计，教师为本"都是强调人是第一位的，最根本最值得我们去关注，所有一切中，人是最重要的，是整个人类社会链条中的根本所在，我们不能本末倒置，更不能舍本逐末。

最后，以人为本强调一个"贵"字。中国古代民本思想中的"民贵君轻"从本质上讲就是处理人与人之间的关系，尤其是处理民与官的关系。以人为本原则中同样包含如何处理高校教育管理者与青年教师的关系。本课题探讨的教师入职前思想政治教育方法从根本上说也是探讨如何正确协调处理教育行政管理者与青年教师之间的关系。这里要强调高校教育管理者要以青年为贵，放下身段，降低架子，将自己同广大青年教师位置互换，设身处地从青年教师角度来思考问题。这里强调以青年教师为贵，最重要的是建立对青年教师的信任。信任是教师思想政治工作的前提和基础，无信则不立，高校教育管理者对青年教师信任，才能激发青年教师的内生动力，才能为行之有效的思想政治教育打下坚实的基础。

二、凸显政治导向原则

政治导向原则是开展教师入职前思想政治教育的首要原则。教育的目的在于培养高素质的人才，教师入职前思想政治教育的目的主要有两点：一是将教师培养成符合党和人民期望的政治上非常可靠的人民教师，成为培养社会主义合格建设者和可靠接班人的发动机，二是通过教师的言传身教，培养千千万万政治上合格的大学毕业生。而要做到这两点，就必须要坚持政治导向原则，把坚定教师的正确政治方向摆在首位，作为第一位的任务抓紧抓好抓落实，始终不渝抓出成效，这也是高校意识形态工作的重要方面。

教师入职前思想政治教育中要始终坚持政治性原则，必须从以下几个方面抓起：其一，高校党委对青年教师思想政治教育工作的集中统一领导，充分发挥党委的政治核心作用，聚焦于青年教师这一高校教师思想政治教育的重点，做到"核心抓""抓重点"。其二，坚持用习近平新时代中国特色社会主义思想引领教师入职前思想政治教育工作的全过程。党的十八大以来，以习近平同志为核心的党中央，坚持和发展中国特色社会主义，顺应时代发展要求，从理论和实践结合上系统回答了新时代坚持和发展什么样的中国特色社会主义,怎样坚持和发展中国特色社会主义这个重大时代课题,实现了党的指导思想的又一次与时俱进,这一思想尤其是习近平总书记关于青年教师的相关论述无疑也是我们进行教师入职前思想政治教育的纲领。其三,通过夯实党的建设伟大工程来推动教师入职前思想政治教育,坚持将政治建设摆在教师入职前思想政治教育首位。党的建设的伟大工程居"四个伟大"之关键统领作用,它贯穿在其他三个"伟大"之中,"进行许多具有新的历史特点的伟大斗争""中国特色社会主义伟大事业""中华民族伟大复兴的中国梦"的实现,无一不需要依靠党的集中统一领导的坚强组织保障,所以将党的建设,尤其是将党的政治建设摆在教师入职前思想政治教育的首要位置,确保青年教师政治信念坚定是我们进行教师思想政治教育的前提。

社会主义核心价值观是新时代我国社会的主导主流价值观。强调突出对教师的政治导向原则就是要坚持以社会主义核心价值观为导向,推动广大教师在认知上将社会主义核心价值观烂熟于口,领会于心,在认识上以"富强、民主、文明、和谐,自由、平等、公正、法治,爱国、敬业、诚信、友善"这24个字的社会主义核心价值观为标尺,在思想观念上时刻对标24个字的社会主义核心价值观,在实践中将24个字的社会主义核心价值观外化于行,体现为自身的日常言行举止之中,体现于约束、规范、倡导,流行于与他人的交互之中,从而身体力行为全社会学习贯彻社会主义核心价值观起到表率作用,这对于广大教师的榜样示范作用显得尤为重要。

在多元文化背景下,以一元化的社会主义核心价值观统领教师多样化的思想观念意识显得尤为重要。我国是以公有制为主体主导的社会主义国家,反映在思想层面上必然要坚持社会主义、集体主义价值取向为主导,这是毫无疑义的。但同时我国社会主义又存在多种生产资料所有制形式,加上市场经济的负面效应和对外开放的外部影响,形形色色的社会思潮的出现就成为一种必然,这就需要以社会主义核心价值观引领、规约、限制其他非社会主义思潮的发展,最大限度发挥社会主义核心价值观的覆盖扩张效应,使社会主义核心价值观的引领像空气一样无处不在、无时不有,推动践行社会主义核心价值观在教师日常生活中落实,落地,落小,推动这一价值观在青年教师中的内在生成。

中共中央、国务院印发的《关于加强和改进新形势下高校思想政治工作的意见》中明确提出了高校要培养和造就一批批社会需要的政治合格、思想进步、知识渊博、专业过硬，具有创新精神和实践能力的高素质人才。教育者必先受教育，教师入职前思想政治教育工作就需要首先确定正确的价值导向，才能保证完成培养社会主义建设者和接班人的根本任务，它同样事关中国特色社会主义事业后继有人，是一项重大的政治任务和战略工程。

在教师入职前思想政治教育中强调突出对教师的政治导向原则需要从不同方向不同角度实施全方位覆盖、多角度渗透。全方位覆盖就是要从高校所肩负的人才培养、科学研究、社会服务、文化传承和国际交流合作等使命和任务的战略规划部署中实现细节植入、计划导入、制度约成、结果引导中进行覆盖。多角度渗透就是要关注教师的工作圈、生活圈、朋友圈、网络圈等层面，思考并渗入价值引领因素。当然，教师作为高知群体，其政治导向的实施过程中切忌采用暴风骤雨式进行，而只能遵循青年教师的认知转换规律，采用家常式的、和风细雨式的形式进行，做到"随风潜入夜，润物细无声"，即强调引领人于无形。同时，对青年教师中的一些极端行为也必须设置红线，当前特别强调的是高校党委、分党委（总支）、支部对青年教师思想政治教育的主体责任，坚决实行师德一票否决制，对极少数青年教师不讲政治、不讲道德、不讲纪律、不讲规矩的行为给予严肃查处。

三、强调激励性原则

在教师入职前思想政治教育中坚持激励性原则是有效实现思想政治教育目标的要求，也是社会主义按劳分配理论在教育中的体现。所谓激励，通俗而言就是如何最大限度调动人们的潜能，高效完成目标任务。科学地运用激励理论，能够有效提高组织的经营效率，形成个体积极性的充分发挥与群体力量的倍增。

运用激励性原则的几点要求：其一，个人目标与组织目标相同或相向的原则。个人目标的确立应当服从和服务于整体目标。教师思想政治教育的目标是为培养能够担当中华民族伟大复兴大任的人才服务的。所以，无

第四章　我国教师入职前的思想政治教育

论是青年教师自身也好，还是针对青年教师的思想政治教育也好，都应当服从和服务于这个大局。其二，物质激励与精神激励相结合的原则。唯物史观认为，人们首先必须吃、喝、住、穿，然后才能从事政治、科学、文化、艺术、宗教等活动。历史证明，人们不可能长时间沉醉于心醉神迷的狂热状态，毫无条件地去接受鼓动宣传。"不讲多劳多得，不重视物质利益，对少数先进分子可以，对广大群众不行，一段时间可以，长期不行。革命精神是非常宝贵的，没有革命精神就没有革命行动。但是，革命是在物质利益的基础上产生的，如果只讲牺牲精神，不讲物质利益，那就是唯心论。"❶可见，合利益性，不仅仅是思想政治工作的必然原则，更是当前我们进行教师思想政治教育的不二选择。只有高等教育改革发展的成果由包括青年教师在内的广大教职工共享，给他们以看得见、摸得着的实惠，使经济快速增长的成果变为他们身边实实在在的东西，才能为我们搞好思想政治教育工作，凝聚思想共识，将思想统一到思想政治教育的正确方向上来打下坚实的物质基础。其三，坚持正面强化激励与负面强化激励相结合，以正面强化激励为主。这里涉及对青年教师思想政治教育的策略问题，正面强化激励能够促使青年教师激发青年人特有的青春活力，推动业务工作的爆发式飞跃。反之，负面强化激励的使用应当谨慎使用，一般而言是不得已而为之。因为这种做法虽然对人起到了棒喝的作用，但使用过多过滥易使人精神产生疲倦从而对前景丧失信心，失去动力。其四，按需激励原则。每个人的个体需要总是存在着差异性和动态性，只有将激励充分运用到被激励者最迫切、最需要的地方，充分关注到其重大关切，关注到其需求的不断变化，适人适时适地因需施策，激励性原则的作用才能充分发挥，教师思想政治教育才能取得最大成效。其五，坚持客观公正原则。社会的发展进步，既是一个社会物质财富生产不断增长的过程，同时又是一个社会公众不断追求公平正义，实现共同富裕的过程。但财富总量的增长并不一定意味着公平正义、共同富裕的当然实现。相反，市场经济的发展可能助长人们的自私自利，坑蒙拐骗行为的发生，表现在思想意识领域，就是人们在思想道德观念上与社会发展的总趋势和目标不相适应，不够成熟。因此，对教师思想政治教育的激励性原则的运用应当将公平正义贯彻始终。贯彻激励性原则具体而言有以下方法，如目标激励方法、物

---

❶ 邓小平. 邓小平文选（第二卷）[M]. 北京：人民出版社，1994.

质利益激励法、榜样激励法、内在激励法、形象与荣誉激励法、信任关怀激励法和兴趣激励法等。

四、突出针对性原则

突出针对性就是要做到在教师入职前思想政治教育中有的放矢。这里的针对性至少包含以下三点：其一，针对教师入职前思想政治教育的群体性问题，强调精准发力，它强调的是对症下药，直达病灶深处，是教育的一个点的深入，是细致入微的微观教育。其二，针对教师思想政治教育的个体性问题，强调突出个体差异性。其三，在把握了教师思想政治教育中的群体性问题和摸清了个体差异性的基础上进行思想政治教育中的心理疏导。

所谓精准发力是指教师入职前思想政治教育要有强烈的针对性，有的放矢，不做无用功。对准病根下猛药。当前，教师入职前思想政治教育的实际状况不容乐观，与党和政府的教育要求存在较大的差异。具体表现为"四化"倾向。其一，功利化倾向。教师入职前思想政治教育常常在上级部门检查时就被加以重视，不需要时就处于无人理睬的尴尬境地。教育活动的科学性、程序性有待加强。其二，游离化倾向。借口教师思想政治教育的特殊性，而游离于其他业务和业余活动中。其三，强制化倾向。在我国高校的教育教学中，有少数教育工作者往往摆出一副权威者的姿态，采取命令式和灌输式的方法，强调对青年教师的控制与约束，而不是心平气和、和风细雨。其四，形式化倾向。以会议传达会议，以文件传达文件，正如大风吹过一般，在实践中"说起来重要，做起来次要，忙起来不要"。

所谓个体差异性是指青年教师思想政治教育要将重点放在青年教师作为个体存在所拥有不同的性格、价值观以及个人喜好等，要根据每个个体的差异选择相适应的教育。实际上，青年教师的生活背景、成长经历、求学过程以及社会阅历都不尽相同，这就导致了每个青年教师的政治心态也会存在差异，有些教师甚至对于改革开放所带来的丰富的物质生活有着截然相反的观点。例如，家庭贫困的青年教师与家庭富庶的教师之间存在的差异；汉族的青年教师与少数民族的青年教师在上学阶段所接受到基础教育之间存在的差异等等。这些由实际情况衍生出的种种不同，都需要我们在对青年教师进行思想政治教育之前调查清楚并认真分析,要对即将接受思想政治教育的教师进行深入的了解,做到分类分层教育,有教无类,实现思想政治教育有差别要求的全覆盖。

找准青年教师的群体性问题和个体差异性之后就要进行思想政治教育中的心理疏导。在教师入职前思想政治教育中坚持疏导的原则主要是基于以下两点:一是针对当前思想政治教育中的强硬灌输理论而言。二是针对教师自身作为高级知识分子的特点而言,既具有高知性,又具有青年人的一般年龄特点:冲动有余,沉稳不足。从字面意思而言,心理疏导即对人的心理阻塞进行疏通和引导,以达到调适心理、平衡心理的作用。青年教师思想政治教育中坚持疏导原则是在有效借鉴心理学理论的基础上,应用心理学理论成果来开展青年教师思想政治教育。这里既有个体青年教师的心理疏导,也有群体共性心理问题的疏导,既有基本心理问题的疏导,更有价值观念的引导和行为的提升,以达到帮助青年教师调和心理冲突、消解心理矛盾、化负向心理为正向心理的目的,从而形成青年教师心理舒适的正向化机制,有效指导青年教师的外化行为,最终充分发挥青年教师对广大青年大学生的价值引领和示范作用。

在教师入职前思想政治教育中坚持疏导原则,要注意以下几点:第一,疏导原则的运用必须遵循青年教师的心理活动规律,要建立在教育者与青年教师平等的心态基础之上。这是坚持疏导原则有效的前提。这就需要教育者充分发扬民主,尊重青年教师的积极性、主动性、创造性。强调凸显青年教师的优点和长处,发扬优势,弥补不足,增强教师克服自身缺点的信心和决心。"己所不欲,勿施于人",教育者高高在上,动辄训斥的语调口吻都是不符合疏导原则的。第二,坚持疏导原则的方式方法都要因时因地因势而变化。作为教育者,对青年教师进行疏导之前,要进行充分的准备,既要有理论的准备,以不变应万变;又要有切实可行的方法和实施方案,同时进行疏导时又要随时变化,随机应变。第三,强调疏导的过程是一个循循善诱、情理相融的平缓过程。疏导的目的是为青年教师创设良好的环境,优化思想政治教育的效果。在疏导的过程中,要心平气和,叙之以事,晓之以理,动之以情。

五、坚持协同创新原则

"历史是这样创造的：最终的结果总是在许多个人意志的冲突中产生的，而每一种意志是因为他们各自有许多特殊的生活条件，才变成了他们的样子。"恩格斯的论述意在说明要从相互冲突的个人意志导致的历史中来揭示人类社会发展的客观规律。这一思想启示我们在顺应历史发展潮流的基础上要将包括广大青年教师在内的最大多数人的意志统一到实现民族复兴伟大中国梦上来，统一到坚持中国共产党的领导和中国特色社会主义上来，对现阶段中国社会显得尤为重要。这就是协同教育的思想。这就要求我们分析青年教师各种不同思想乃至错误过激观点产生的社会物质生活根源，做到正本清源，按照马克思主义基本原理，从物质生活中所涉及的方方面面，找出能够对之施加影响的人和事，加以聚合统一，使之同心同向发力，给予青年教师多维度多方向的正向合力，以此来实现青年教师政治素质提升与健康发展。无产阶级政党"为了进行斗争，我们必须把我们的一切力量捏在一起，并使这些力量集中在同一个攻击点上"。这里把"一切力量捏在一起"并使之拥有"同一个攻击点"的过程就是协同凝聚广大教师思想共识的过程。

坚持教师入职前思想政治教育协同教育的思想具体包括以下几个方面：一是党政协调党委领导和行政部门之间的关系。高校党委要充分认识青年教师思想政治教育的重要性，切实担负起政治责任和领导责任。高校行政部门要不折不扣地落实党委决议，重点抓好落实。二是制度规范与教育心理疏导的互补配合。既要注重青年教师思想政治教育体系的顶层设计，也要加强对青年教师的教育和心理疏导，这是开展教师思想政治教育的重要途径。学校教育、家庭教育、社会教育等各个环节对政治价值观的培养也起着重要作用，特别是发挥学校主渠道作用，加强对青年教师的教育引导，这也是培养和践行社会主义核心价值观的基础。三是，舆论引导与示范引导的综合协调。在教育方面，要重视大众传媒的宣传引导作用。大众传媒不仅要在青年教师思想政治教育内容上发挥作用，而且要在实践中为社会舆论提供正确的思想政治教育价值引导。还要充分发挥模范带头示范作用，注重挖掘典型，树立榜样，充分发挥先进人物的带头作用。

在协同的基础上还需要进行创新,教师入职前思想政治教育的创新是全方位、多视角的创新。至少表现为以下几点:第一,教育观念的创新。要树立大政治教育观念、大意识形态工作观念。教师入职前思想政治教育不仅仅是宣传部门的事、人事部门的事,而是党政齐抓共管的事。各级党政组织要将教师入职前思想政治教育纳入工作的议事日程,常抓不懈。第二,教育载体的创新。主要思想是"互联网+"思想政治教育。今天是一个互联网的时代,当今的教师思想政治教育由于信息技术与互联网技术的飞速发展,正处在全球化、信息化的环境,教师所接触的都变成了各种搜索引擎、门户网站、在线阅读、知识共享工具、学习软件、信息设备和电子终端、视频示例课程,以及大规模的在线课程。MOOC和虚拟翻转课堂等在线学习形式的出现,使知识的生产、传播和获取发生了巨大的变化。虚拟网络非正式学习、社会化自主互动学习和无时空限制的移动学习也成为当代青年教师思想政治教育的新宠。第三,教育管理和运行体制机制的创新。要建立健全以各级党组织为核心、党、团、群众协同创新的运行机制,实现政治家、教育工作者的教育管理体制。要大力改革教育治理模式,简政放权,推动教育行政权下移、开放和解放,充分发挥学校自主性,激发办学活力,形成政治家和教育工作者大量涌现的环境和土壤,使教师政治信仰教育成为全社会共同参与的光荣任务。第四,拓宽教师思想政治教育主渠道建设多元化路径。充分利用社会各种教育资源,特别是红色教育资源。

第五章　入职教师教育

本章将围绕入职教师教育这一主题，对新教师入职教育、初任教师专业发展特征、教师入职教育实践与思考这三方面问题进行具体论述。

第一节　新教师入职教育简述

进入 21 世纪以后，我国文化教育事业得到了空前的发展，人们已经不再满足于青少年时期接受的基础教育，而是不断追捧终身教育。事实上，快速发展的社会也给各行各业的人们带来了前所未有的压力，这也在一定程度上促进了人们对终身学习这一生活方式的选择。对于教师专业发展而言，终身学习也应当贯穿其中。教师是社会教育工作的重要推动者，只有教师队伍始终保持较高的文化水平，才能从根本带动我国人民文化素养的全面提高。

一、入职教育是教师成长与发展的必要基础

（一）教师入职教育是沟通职前培养和在职培训的桥梁

很长时间以来，我国的教师培养主要划分为职前培养和职后培训两个阶段。这两个阶段的分界即教师正式上岗。在这种教师培养模式下，职前教育与职后培养的教学内容与形式便形成鲜明的对比。其中，职前教育主要以理论知识的传授为主，而在教学实践方面的培养则相对较少。而职后培养则是以提升教师学历水平为主要目的的培养活动，并不注重对教师实

际教学能力的培养。这种教师培养模式有着明显的缺陷。首先,无论是职前教育还是职后培训,大多都流于形式,并没有以提升教师的教学能力为目的;其次,教师的职前教育与职后培养二者之间并没有形成联系,职后培养并不是在职前教育基础之上进行的,这就造成了职后培养的内容与职前教育内容存在重复,培养效果不明显等一系列问题。

教育行业的不断发展,使其行业内的许多思想随之诞生,终身教育的思想也在教育行业发展的浪潮中得到了广泛的传播与推广,人们开始有意识地认为教师教育是贯穿教师一生的、具有连续性意义的过程。1971年,弗雷描述了一种新的教师教育模式(图 5-1-1),这种教育模式对师范生进行了两年全日制大学理论学习后就应展开试教的问题作出相应的说明,他认为以这种教师教育模式能够使新教师从事教学工作的时间从10%提高到90%。

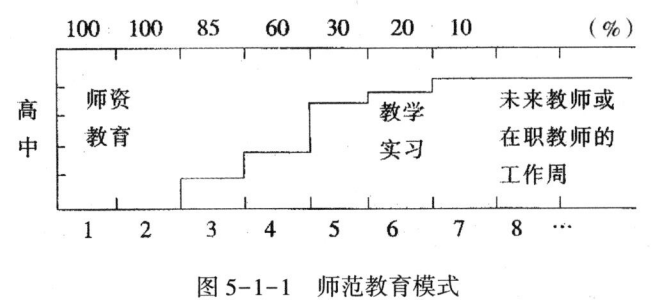

图 5-1-1 师范教育模式

1971年,英国教育家詹姆斯·波特(James Porter)提出了著名的"教师教育三段论",他从终身教育理念出发,把教师教育分为三个阶段。

第一阶段为普通教育阶段。该阶段是教师培养的最基础阶段,共需要花费两年的时间。这一阶段的课程主要分为两大部分,一是普通科目,二是专门科目。通常情况下,普通科目会占全部课程的三分之一。将本阶段课程学习任务完成的人能够在最后获得高等教育的文凭。第一阶段的课程是具有试探意义的,因此在整个课程的教授过程中,不是单纯强调一般教育基础的。拥有该文凭的教师若想继续从事教育工作,立志于投身教育行业,则可进入第二阶段,继续接受专业教育,如果教师此时并不想继续从事教育工作,也可以转至其他专业进行学习,或者此时终止本学位课程学习。

第二阶段为专业教育阶段。这一阶段的教育核心是将马上入职的教师专业能力、实践能力进行一定程度的提高,整个阶段课程大约持续两年。第二阶段第一年课程依然在教师培养机构开展,主要学习教育专业课程。当第一年课程结束且课程最后检验结果合格时,学习者可获得试用教师资格。第二年可在受聘学校进行教学实践。

第三阶段为在职教育阶段。该阶段在教师正式入职后进行,并贯穿教师职业生涯的全部过程。詹姆斯建议,当教师任教实践满 7 年后,应当为教师留出一个学期以上时间留职留薪进修。因为教师有权利在职业过程中不断提升自己的专业水平,且通过集中的学习,教师的综合工作能力会得到进一步的提升,进而获得更好的教学成绩。此项权利应明订于教师聘约中。此目标达成后,应再改为每 5 年休假进修一学期。

胡森在《国际教育百科全书》中也明确指出,师范类教育应当分为三个阶段,即就职前培养、入职培训和在职培训三个阶段。此外,他还提出,这三个阶段应当是一脉相承的关系,不可孤立地进行。因此,有必要尽快建立起教师职业全阶段培养体系,在课程设置上,要紧紧围绕教师的职业需求和个人发展需求进行展开,统筹考虑教师教育资源和培养培训计划,以整合的教育模式来改变传统教师教育中的割裂状态。

(二)教师入职教育是终身教育思想的客观要求

第二次世界大战结束以后,新一轮的技术革命如火如荼地展开,将人们带入了信息化时代。信息时代的最基本特征是社会信息量的快速膨胀,在这种社会环境下,信息对于人们越来越重要,甚至在人们的日常生活中起着决定性的作用,它能够辅助人们在日常生活中做出决定。在现今社会,人们认为要想跟上信息时代的更新速度,就要进行不断地学习,即使补充知识,以便适应在信息时代下的工作需求。1965 年,"终身教育"概念被原联合国教科文组织成人教育局局长、法国成人教育家保罗·朗格郎提出,这也是"终身教育"这一概念最早出现的时刻,随后保罗·朗格郎在其所著的《终身教育导论》一书中对终身教育的原理进行了细致的描述。直到 1968 年,联合国教科文组织发表了"终身教育宣言"。

(三)入职教育是初任教师专业成长的重要保障

民族振兴的根本在于教育的振兴。只有建设一支政治思想先进、专业能力过硬、结构合理、相对稳定的教师队伍,我国的基础教育事业的稳步发展才能得到根本保证。而要保证教师队伍建设始终处于高质量水准,必须要保证每年有足够多的新教师加入其中。而初任教师身上具有无限的潜力,因此只有关注初任教师的成长,帮助初任教师尽快进入工作状态,才能使教师队伍时刻保持活力。

通过对教师入职前后的工作状态进行调查发现,初任教师的专业发展是一个坎坷的过程。尤其是初任教师从事教学的第一年,不少教师都很难适应新的工作环境,甚至出现职业信念动摇等问题。因此,入职教育是帮助新入职教师完成身份转换的重要环境。值得注意的是,初任教师在职前培养中接受的理论知识教育是没有经过实践验证的,他们往往不能掌握并解决实践中所遇到的相关问题。因此在实践过程中,其必然会缺少必须具备的相关技能,同时由于初任教师对整体教学环境以及学生状况不够熟悉、了解不够透彻,导致其在教学过程中会因为现实状态与理想状态出入较大而无法快速接受实际情况。

实际上,有许多初任教师在任职之初由于上述原因而离开教育行业。这一问题在后续的教师培养过程中应逐渐被重视起来,因为初任教师在入职阶段是迫切需要理解、鼓励、支持和帮助的。当初任教师陷入了这种困境中,相关部门以及校方若能够即时为教师进行入职教育、给予一定程度的指导,那么初任教师就会从起初的懵懂、迷茫逐渐搭建起清晰轮廓,这样相比于没有经过帮助和培训指导的初任教师的过渡期时长相对得到缩减,加速对教学规律的掌握,同时也能缓解对自身是否能够在工作环境中快速适应等问题的担忧,使他们能够不遗余力地在教学情境中对师生、教材、教学方法和环境进行互动思考和整体理解,尽快进入专业发展的成熟期,加速他们的专业成长。

二、入职期在教师专业发展进程中的地位和作用

(一)影响教师专业发展模式

初任教师在入职期的专业表现是否符合教师专业、初任教师能否顺利度过入职期等问题都决定初任教师是否能够稳定的居于工作岗位。同时,

这两方面问题也对教师整体职业生涯的专业发展模式、发展情况起决定性作用，因为最后结果会影响初任教师最终会成为什么类型的教师。如果初任教师在入职期的任职感受并不愉悦，在未来的专业发展过程中会因此受到很大影响，甚至可能在其整个教师职业生涯中留下永久性伤害。休伯曼曾在研究中对100位经验丰富的教师进行采访，通过收集数据、研究对比、调查分析等手段，他发现教师在任职第一年发生了不愉快的任职经历后，至今为止仍旧对自己的教学状态感到不满意，而相比于那些顺利度过入职期的教师，这一类教师的教学状态始终处于被影响状态。经过以上分析说明在入职第一年遇到许多难以解决的问题的教师在专业水平的发展方面与顺利度过入职期的教师始终存在明显差异，前者的专业水平发展无法达到后者的高度。这是由于人们不论是在生活中还是工作中，一旦形成了一种规律的工作状态，那么不论是出于习惯还是教学惯性等多方面移速，绝大多数教师都不愿主动改变。这样一来，教师在入职期的第一年的经历对后期形成教师职业生涯的专业发展模式具有很大的影响力，甚至是其专业发展模式形成的关键性因素。

（二）影响初任教师职业倾向和职业持久性

初任教师在入职之后，首先需要面对的问题是，如何从一个责任较少的环境过渡到负有多种使命，且必须依靠自己独立解决问题的环境当中。换言之，即实现从学生身份到教师身份的转化。诚然，这一转换过程是痛苦和艰辛的，但只有他们尽快完成转化，才能够促进他们的职业发展，并成长为一名称职的人民教师。初任教师刚刚开始授课时，会遇到许多问题，而这些问题都是具有关联性的，甚至可以说这些问题是环环相扣的。在教学过程中，初任教师会发现，学生对于学习的探求欲望并没有达到其心理预期，教学经验丰富的老教师也没有充裕的时间能够经常跟初任教师共同讨论教学、教育方面的经验。当初任教师在前期教学过程中处于"单打独斗"的状态中时，他们意识到现实中的教学工作的执行并没有想象中那么简单易行，而是在整个教学过程中都充满了挑战以及未知的压力，在这种无形压力的影响下，初任教师会逐渐感到力不从心，甚至经常会出现紧张和焦虑的心理状态。这样的心理为初任教师展开教学工作也带来了诸多不便，使其在教学方面的积极效果大打折扣，整体教学工作在多方面受到限制，导致许多初任教师主观认为从事教学教育工作无法得到参加工作前预期的回报，最终脱离教师行业。因此，在入职期选择继续留在教学行业内任职或者离开教学行业转战其他领域，是每一位初任教师都要经历一个阶段。当初任教师在入职期能够顺利、迅速的适应教学节奏，把握好教师角色的主要职能和根本任务时，那么他们将在未来的教学生涯中得到良好的发展，相反，如果不能够适应新环境带来的改变，那么初任教师将会离开教师专业。从客观的角度来看，这些都是教师资源流失的重要因素。据相关学者研究，美国大约有三成初任教师在执教两年内由于多方面不同因素离开教学专业。而在经过收集和统计数据进行对比后，发现教师整体平均流动率每年不到6%，要想使教师的流动率能够达到6%的水平，初任教师则需要参加教学工作5到6年的时间才能够完成这一指标。在同期所有进入教学专业的初任教师中，有大约四至五成从业人员在入行七年内脱离教师教育行业，而在这四至五成的人群中，有大约70%左右的初任教师是在任教四年离职。

第二节 初任教师专业发展特征

在教师职业发展的全过程中，入职期是最为关键的一个时期，如果教师无法顺利度过入职期，那么他的职业生涯将会就此断送。因此，帮助初任教师进行角色转化是入职教师教育的核心内容。

一、影响初任教师专业发展的因素

教师在发展自身专业的过程中会受到许多客观条件的影响。在不同的环境影响下，教师对于发展路径也会做出不同的选择，对发展路径选择上的差异回到是最后专业发展成果的产生。初任教师如果所处的环境如果十分融洽，并在日常的教学工作中也能够得到多方面的鼓励、支持以及来自其他有经验的教师的帮助，那么初任教师自然而然就会产生积极乐观的心理，乐于在职业的道路上蓬勃发展并追求不断地进步；而如果初任教师处于一个消极的、不和谐的工作氛围中，那么工作环境带来的危机感与压力则会加深对初任教师的影响，使其在职业道路上不断产生自我怀疑，逐渐失去对职业生涯的追求和不断学习的兴趣，其影响严重的可导致教师在专业发展过程中感受到阻力甚至中途离开教育行业。因此，只有了解教师的发展状态以及其在发展过程中存在影响的各种因素，才能够判断出各项因素对教师的专业发展是否起到积极作用或消极作用，对这些因素有清晰的认知，才能够使教师的专业发展更加顺利，减少阻碍。

美国约翰普金斯大学的费斯勒教授以社会系统理论为核心对教师生涯周期进行研究并提出了动态的教师生涯周期理论。在研究过程中，费斯勒将全部产生影响的因素归结为两方面：个人环境因素和组织环境因素。

（一）个人环境因素

教师的个人环境因素包含许多不同的层次，各层次之间互相影响、相辅相成。产生影响的可能是单个因素，也有可能是几个因素共同对教师产生影响。个人环境因素对于处在入职期的初任教师来说其影响是非常深远的，这关系到初任教师能否在入职期完成状态良好的过渡并顺利进行角色转换。

1. 个人的性情与意向

任何一个自然人作为独立的个体其性情与意向都是不同于其他人的，是具有独特性并且会伴随着不同行为特征出现。人生阅历、经验、目标以及价值观之间的差异都会在初任教师在教师职业生涯道路上进行规划与确定发展方向时产生不可磨灭的影响。

初任教师处于初入职阶段，其本身的价值观通常会受到检验。处于入职期的初任教师很容易质疑自己的教学能力、人际交往能力以及工作能力等多方面能力。他们开始产生自我怀疑，失去对自身价值观的认同感并试图找到缓解这种自我怀疑感的方法。学校环境中建立的信念结构与个人的信念是有巨大区别的。初任教师要想在学校环境中对自我产生认知，就要将学校中的信念结构与个人的信念之间的差异和矛盾予以解决。只有将自身的价值观与工作环境相融合，才能被学生、同事、家长和管理者所接受。

2. 家庭因素

家庭的状态在教师的发展道路上是一个十分重要的个人环境因素，在教师的发展道路上可以说是起着决定性的作用。当初任教师处于入职期时，其在工作过程中会面对很多阻碍和压力，而家庭此时就会充当一个支撑的角色，但即便如此，个别家庭或许也会反对初任教师继续担任教学工作。在入职期内的初任教师大部分都会感受到迷茫和失望，因为他们面临的实际教学情况与其想象中的状态基本是不相符的，对于他们来说，每一天的工作都是新鲜、未知的，此时的初任教师往往会希望与家庭成员分享其教学生活中的经历。因此，初任教师的家庭成员拥有耐心、和善解人意的性格是非常重要的，付出一定的时间、精力来倾听初任教师的叙述，能够缓解初任教师在教学工作中积压的焦虑感和压力，也能够在一定程度上消除其产生的自我怀疑。

另外，家庭的经济状况、家庭成员的健康状况以及其享有的社会福利待遇都是成为影响教师发展的家庭因素，这些条件也对教师的教学工作起到相同的支持或阻碍作用。

3. 生活的危机

从初任教师的视角来看，生活的稳定性对于初任教师来说是非常重要的，而当初任教师来到一个新的群体时，就意味着其将会面临经济独立、结婚、建立新的人际关系等，这些事情都是需要初任教师付诸大量的时间精力去完善的。然而，处于入职期的初任教师往往会承担着巨大的压力以及对自己产生高度怀疑，这一时期的初任教师会不断地感到焦虑，并且这一时期的焦虑感会超过正常的焦虑水平，严重时可能会导致初任教师在日常生活中产生过激的行为或反应。因此，当初任教师本身或其家庭出现问题时对其发展也会产生非常大的影响。

4. 兴趣与嗜好

教师的兴趣与嗜好主要指日常生活中的爱好，其中包括以个人意志为根本参加一些组织活动或体育锻炼等。教师的个人兴趣爱好能够帮助教师在教学生涯中得到良好的发展，并且根据每位教师不同的兴趣爱好以及其深入程度，能够在教学工作中带来不同的契机，以便更好地展开教学工作。保持一定的兴趣爱好能够使教师在教学工作中得到尽量发挥个人才能的机会，也能使其在取得某方面成就时寻找到相应的途径，最重要的是能够使教师在知识面上得到拓展，而不是单单掌握教学方面的知识技能。

5. 生命阶段

相关数据表明，初任教师处于入职阶段时，其对需求和目标的理解与其他时期具有相当大的区别。初任教师以正常的步调去完成学业，那么大学毕业后他们的生活状态将发生十分明显的转变，曾经自由的大学生活开始转向受专业限制并要承担专业责任的生活，并且在正常年龄后进入大学学习后，已经从学生的自由生活转变为有职业限制和责任感的职业生活，这对于他们来说是一个需要摸索前进的时期，而乐观的心态和理性主义精神也能够使他们在生活环境发生变化时迅速得到缓冲。经过对教师职业发展阶段的研究，初任教师有很高的热情投身教学事业，有足够的精力去学习更多的知识和技能来提高他们教学效果。

（二）组织环境因素

学校组织环境和学校制度是影响初任教师发展的第二个因素。在职前培养阶段形成的从教理想，在经过每天进行的课堂教学实践后，被现实的教学状况带来的问题不断冲击，其之前建立的从教理想逐渐破灭，这就是维恩曼所说的"现实的冲击"。这种冲击的内容受诸如管理人员、同事、任务要求及教育资源等环境因素的影响。一个积极的、支援性的组织环境与一个不信任、孤独的氛围相比，更能使初任教师顺利地度过适应期。

1. 公共信任

公共信任的程度高低对教师进行职业选择以及在工作中的工作状态影响十分明显。当初任教师处在一个有公众信任感的工作氛围中，这会让其认为在工作中是能够得到支持的，这样使教师和学校都能够全身心投入到教育教学中去，同时也能满足教师内心的自尊感，进而将教学工作当作是一种可追求的事业，并在实现其从业理想过程中呈现出积极的态度；而如果教师长期受到公众的批评，那么会使那些试图将教学作为终身追求的职业的教师的思想受到影响，产生挫败感，逐渐质疑个人的职业选择，不相信自己能够胜任教学的工作，对未来的发展方向的确立也会感到迷茫，这对初任教师的发展与成长来说是非常不利的。当初任教师与家长在进行交流时，从其言语行为中能够展现出较强的教育教学能力和较强的沟通能力,那么家长对该教师的信任将会大幅度提升,家长的信任对初任教师来说无疑是十分重要的,这能使他们在教学工作中充满信心;而如果在沟通方面不能够将自身的能力展示出来,那么家长则会质疑该教师的教学,会担心其各方面经验是否足够胜任教学工作,该教师同时也会受到多方的指责与批评,受到消极情绪的影响,初任教师的教学热情也会因此减弱。这就说明,初任教师的各方面能力都要受到家长的检验。

2. 学校规章

教师在任教期受学校、地区以及国家建立的规章制度的约束。规章制度的作用主要是针对学校、地区以及国家的不同区域或领域的限制,主要职能是对其秩序进行规定规范。而学校中设置的规章制度主要是对学校秩序与结构的管制,另一方面也是对学校教育体系、社区以及国家的教育目标和价值取向的直接体现。教师的过渡期具有不稳定性的特点,初任教师对学校和学区的规章制度的理解是否清晰、正确是非常重要的。

3. 管理风格

一所学校校长的管理风格会对教师后期职业生涯的发展规划产生非常大的影响。当一位校长在学校工作氛围的营造上注入信任与支持,校长的管理风格对教师的专业发展是至关重要的。如果领导人创造一个信任和支持的工作气氛,让教师在工作过程中拥有获得大量专业知识新途径,初任教师的反应应该是积极的。如果校长的领导和控制是专横的并且总是保持质疑的态度,在面对教师的时候总是保持一种领导的状态来进行管理和监督,那么就会使教师失去对教学工作的热爱与激情。当为初任教师安排工作时,盲目地脱离现实因素,不考虑初任教师的教学水平和教学经验,会使初任教师在未来的发展道路上感受大非常大的阻力。而一般来说,初任教师的教学任务与有经验的教师被分配的教学任务其困难程度相比相差不大,甚至有时候被分配的教学任务难度要高于有经验的教师。这样一来,初任教师会对与有经验的教师相比较容易产生恐惧,他们害怕因为与有经验的教师进行比较后而被认为是教学能力不够,因此会在教学工作中产生极度的焦虑感。总的来说,校长在为初任教师安排教学任务以及其他工作时,要综合初任教师的工作能力和自身特色,不要盲目下达指令,导致初任教师承受过多的工作压力。

4. 专业组织

与具体的学校环境相比，专业组织似乎远远没有满足初任教师的日常需求，但是初任教师能够在专业组织寻找到职业发展机会。例如，通过接触有经验的专业人员，并与其他初任教师交流经验，这将有助于初任教师回顾自己的教学过程，及时查漏补缺，同时并促进他们的对职业生涯的追求。

5. 社会期望

社会对学校的期望也可能对初任教师本身及其职业发展产生多种影响。社区的目标、道德标准、价值观、期望与要求等，都会使教师对其所处的环境进行不断地定义、区分。公众的注意力主要集中在教学质量以及任课教师，他们对于学校教学教育方面的诉求就是希望校方最终能够留下工作能力较强的初任教师。在这样的工作氛围以及社会期望中，初任教师不得不为了专业发展和对职业生涯的追求中找到一丝喘息的机会而奋斗。

二、初任教师的专业结构特点

近年来，国内外许多学者对专家型教师和新手型教师进行了对比研究，他们通过对这些教师的数据分析找到了初任教师的一些专业结构特点。

美国耶鲁大学心理系教授、美国心理学会普通心理学分会和教育心理学分会主席斯腾伯格将专家型教师与新手教师之间的区别主要概括为三个方面：（1）专业知识不同。专家型教师的特点是能够将其学习收集到的、可利用的知识融入教学中去，使其教学氛围更加灵活多变，知识面涉及范围更广，相比于新手型教师的运用程度，专家型教师明显运用更加得心应手。而新手型教师刚刚开始教学工作，教学经验匮乏，因此在提高工作效率方面仍需进步，这使新手型教师更愿意将时间付出在与课程无关的任务上。另外，新手型教师教学经验不足的问题使他们必须在课前准备好举例和相应的解释，这样的做法能够有效较少在教学过程中举例不恰当和解释不充分的问题。（2）解决问题的效率不同。通常情况下专家型教师解决问题的效率较高。专家型教师由于拥有充足的教学经验和工作阅历，使他们能够在教学活动中能够快速完成工作任务,在完成过程中主要依靠工作惯性,不必耗费太多精力。丰富的工作经验配合程序化的技能给专家型教师更专注于教学过程中高水平的推理和解决问题提供了机会,这也是在相同时间内专家型教师比新手型教师能够承受更大工作量的原因。而新手型教师通常会将大量的时间用在寻找各种不同的方法来解决问题上,以至于整体工作效率偏低,出现这些问题的原因主要是因为新手型教师工作经验不足。(3)洞察力不同。由于任职期和教学经验的不同,专家型教师显然比新手教师的洞察力更强。专家型教师在教学生活中能够迅速捕捉到哪些是对解决问题有效的信息,并且能够将这些信息进行整合,通过找出信息之间的共通性特点来解决急需解决的问题。经过这一系列的分析、收集、整合、应用,专家型教师能够给教学过程中出现的问题一个条理清晰的解答,但又不失趣味性。而当新手教师遇到同样的问题时,由于没有同样时长的教学经验和工作经验,他们往往不能够快速地对信息进行分析、收集、整合、比较、应用等,这些需要通过经验长期积累才能作出反应的能力新手教师还没有具备,因此他们在教学过程中就眼前的问题将他们眼下能够解决的部分进行处理,导致在教学中对出现的问题不能够做出逻辑清晰地解答。

通过相关研究发现,新手型教师与专家型教师在教学技能的掌握上也具有明显区别。以课堂教学前、中、后三个时间段进行划分,一堂课的教学过程可以大致分为计划、课堂管理和教学、课后评估与评价三个环节。通过阅读表5-2-1能够发现,新手型教师与专家型教师之间在处理问题方面掌握的技能具有明显差异。

表5-2-1 专家教师与新教师教学技能的比较

教学技能	专家教师	新教师
课时计划	课时计划以学生为中心,表现出灵活性与预见性	课时计划注意细节
课堂管理	课堂规则明确制定,规则执行具有抗干扰性、持久性等特点	课堂规则含糊,执行不彻底且容易改变

续表

教学技能	专家教师	新教师
知识的解释与演示	知识解释技术的灵活运用,能意识到回顾先前知识的重要性,解释有明确目的	未考虑学生原有知识状况,不能把握知识的重点和难点
提问	问题较多,注意启发学生的思维和提问后的反馈指导。一组问题具有目的性	问题较散,对学生的回答只是简单地予以评价或总结
练习与家庭作业	关注学生练习,注意练习的指导,并确定练习的教学常规	练习时间把握不严,以练习为中心而非以学生知识获得为中心
非言语性行为	用一些非言语性行为来指导学生学习,并以学生的反馈来调整和判断自己的教学	注意学生课堂中的细节动作,而不会从事件中获得意义
教学评估	关注学生对新材料的理解情况,以及本课堂教学的得失	关注课堂上学生具体的行为,以及教学的成败

从教学计划角度来看,专家型教师的技能掌握更好,他们将自己的教材内容知识、教学法知识以及关于学生情况、课程目的、自己的教学价值和信念等知识进行整合,深入到学生群体内部进行了解,以学生的日常学习任务为根本,在其基础上制定相应的教学计划,在实际教学过程中,时刻关注学生状态以及教学进度,根据课堂上的教学情况随时调整教学计划。再看新手型教师,由于新手型教师刚刚展开教师职业生涯,教学经验匮乏,那么其对于学生的知识、内容知识以及教学法知识掌握不足,并且在教学工作中将这几者联系起来进行结合应用,因此在教学计划制定时就显得比较主观,没有教学经验的加持,新手型教师只能根据个人的价值观和教学所需知识进行制定,并且在教学过程中不能灵活处理突发事件,对潜在的问题也不能提前发现。从课堂教学的角度来看,专家型教师对于学生发展模式和学生的学习规律十分了解,能够充分理解学习管理战略,他们可以对学生的行为和事件的根本原因作出反应,可以迅速传播关于各种教学方法的信息。在复杂和不断变化的课堂上快速捕捉信息并作出决策。但新手型教师对教学模式和教学规律缺乏了解,在面对教学过程中随时出

现的问题即时处理能力欠缺，这使新手型教师只能将注意力放在学生的行为和一些教学过程中显而易见的因素。

三、初任教师的专业发展需求

教师的专业发展具有连续性和阶段性特点，并且两者是相互交织、共同发展的。教师的发展在其职业生涯中是持续不断的，是一个连续的、完整的发展过程；同时教师的发展有具有阶段性，根据其不同的专业发展需求，每一个阶段都展示出不同的特性。入职阶段对于初任教师是一个非常关键的时期，初任教师在这一时期进入教学专业、适应教师角色、掌握教学规律。而初任教师为了顺利度过这一时期，往往会产生一些特殊需求以求在未来的专业发展道路上更加稳定。

格拉瑟恩和弗克斯根据对初任教师专业结构特点的分析，提出初任教师在教学早期阶段普遍存在的四个方面的需求。

（一）合理安置

通常情况下，在学校组织中有许多因为工作能力强、教学经验丰富、人际交流能力强等由资历衍生出的特权。而初任教师往往因为这些因素不能得到合理、妥善的安置，这一点在中学的学校体现尤为明显，学校一般会给初任教师分配不同方面的教学任务，并且将其中最难管理的班级也分配给初任教师。但是合理安置对初任教师是非常重要、非常基础的需求。

想要初任教师得到合理安置，第一就是要将初任教师分配到一个年级组或一个学科组内，组内有经验的教师要关心初任教师的工作状态，并适当给予帮助和疏导，使初任教师有归属感。第二，校长要为初任教师尽可能地提供一个良好的工作环境，使初任教师有相对固定的办公地点，同时也要方便初任教师备课、与同事讨论和解决个别学生问题。第三，确立一个支持性的时间表。制订时间表时要保证初任教师有足够的时间进行备课，每周要额外设置1—2次供教师参加一些定向教学交流会的时间。如果条件充足，那么学校应当对所有的初任教师制定相同的备课时间计划安排，促进初任教师之间的交流，驱使他们进行集体定向。为初任教师分配任教班级时，要倾向于那些不会向教师提出不适当挑战的学生。对一些较为特殊的班级，应该安排有能力的资深教师进行教学管理。例如，极端异类的班级、有许多特殊需要学生的班级、包括有许多破坏性行为劣迹的学生的班级等。另外，在给中学的初任教师安排教学课程时，最好不要安排两门以上，主要由于为两门以上、不同学科、不同年级的课程进行备课对与初任教师来说是非常困难的，在精力上的花费比较大甚至无法完成备课标准。

（二）支持团队

有团队支持是初任教师的第二个需求。这里所说的支持团队主要有两种形式，一种是"指导小组"，另一种被界定为"定向网络"。"指导小组"的团队类型通常是由一些资深的专业人员组成，这些人具有非常积极的工作态度和非常高的团队意识，能够建立团队内成员和谐共生、共同合作发展的意识，并且乐于引导初任教师参与团队中的所有活动。同时在团队工作中，这些人对初任教师的接纳程度更高，并愿意给予更多的鼓励来支持初任教师。而第二种"定向网络"则是指一个定期于校长会面的初任教师团队。学校应该每周为这一团队中所有的初任教师安排一两次相同的准备教学时间，供他们讨论、交流。

（三）集中评价

评价对初任教师管理的一个重要组成部分。对初任教师的集中评估是确定初任教师需求和促进职业发展的有效手段。一般来说，有太多的教学水平和工作能力都不够满足教育行业需求的人加入了教师队伍，主要原因是学校没有充分注意到对首次工作的教师进行评估，或者说，评价标准过于宽泛和无效。

（四）强化发展

"强化发展"，意在强调指导教师进行临床指导的特殊意义，其主要目的是帮助初任教师发展和改善教学技能。在实现强化发展过程中，指导教师应该采取按部就班的方法，这样不至于因提出许多过多的建议而把初任教师压垮。

第三节 教师入职教育实践与思考

一、发达国家的入职教育实践比较

从上述各国教师入职教育制度的演进及其实施状况，可以发现教师入职教育已经成为发达国家教师教育制度中不可或缺的重要组成部分，并将其作为由师资培养机构到中小学现场教育的桥梁。综合比较日、美、英这三个国家的教师入职教育，其中有共性，也有个性。

（一）教师入职教育历史沿革比较

从日、美、英三国教师入职教育的历史沿革来看，这三个国家都经历了相似的历史发展过程。美国和日本都是从20世纪50-60十年代开始提出教师入职教育的问题，虽然二战期间英国有了新的教师培训制度，但直到60年代才更加重视初任教师的专业知识发展。

这些国家之所以在20世纪五六十年代开始重视教师入职教育，主要有三个方面的原因：一是教师的补充无法满足社会教育的需求。例如，由于20世纪60年代对教师的需求急剧增加，许多国家的政府都急于增加年轻教师的数量。但这一时期，特别是年轻女教师在实习第一年期间或之后大多会立即离职，这便造成教师的流失。二是社会对教师职业所负的责任问题。新教师进入学校后的第一年通常是试用期。在此期间，教师需要证明自己具有一定的专业能力，才能获得正式的专业许可。三是教师的专业地位和工作条件相关问题。教师的各专业协会和各国政府定期性调整那些具有广泛的职业意义的有关教学工作第一年的规章制度。

日本最初提出初任教师研修制度，是基于二战后实行开放型教师职前培养所带来的种种弊端，旨在提高教师资质，培养具有品德、知识、教育爱、使命感与实践指导能力的教师。美国在科南特1963年在其《美国师范教育》报告中提出教师入职教育以后，教育研究领域人员逐渐认识到，

121

初任教师在任教初期所遭遇的困难和挫折，以及缺少及时有效的帮助，是造成教师流失的重要原因之一。为适应教师数量需求急剧增长的形势，控制初任教师流失，美国便开始关注教师入职教育。英国在20世纪60年代，也是师资严重短缺，为应付师资不足，师范学院不得不扩充教育规模，培养所需的大量师资，致使大量缺乏实践知识的毕业生分配到中小学任教，甚至雇用一些不具备资格的教师，由此，初任教师的专业知识便成为人们关注的一个焦点问题。

自日本、美国和英国提出教师入职教育以来，他们对这一问题的关注经历了一个起伏的过程。从总体上看，20世纪六七十年代，这三个国家教师入职教育发展缓慢，甚至停滞不前，原因各不相同。就美国和英国而言，主要有两个原因：一是师资严重不足。在60年代，美英两国面临战后"婴儿激增"时期出生的儿童的子女达到入学年龄，急需增加大量教师，因此各国中小学不断雇用大量的初任教师，而有经验的资深教师数量很少，在这种情况下，安排资深教师指导初任教师存在很大困难。二是经济因素。20世纪70年代后，受世界经济危机的影响，两国政府大幅削减教育经费，许多教师的入职教育项目因经费不足而搁浅。日本有自己独特的原因。在日本，中央教育审议会和教育职员养成审议会于20世纪50年代末60年代初提出实施初任教师研修制度的建议之后，文部省便开始酝酿这一制度，但接下来并没有得到贯彻实施。究其原因，主要是由于各种民间团体和利益集团的反对。二战后，日本教师工会组织（日教组）与文部省在教育问题上的争论一直影响着日本的教育政策走向。日教组认为，文部省实行初任教师研修制度，主要目的就是加强对教师的控制，因此对这一政策表示竭力反对。20世纪60年代以后，日本的教育管理政策开始从分权走向集权，地方教委会也由原来的选举制改为聘任制，这在一定程度上使政府对学校教师和课程的控制合法化。于是，20世纪70年代以后，文部制定了初任教师培训制度并开始实施。所需时间仅为10至20天。

20世纪80年代以来，美国、日本和英国掀起了一场面向21世纪的教育改革浪潮，尤其是教师教育。在此背景下，教师入职教育成为人们关注的焦点之一。此外，进入20世纪80年代后，教师专业化运动也从关注教师群体的发展转向关注教师个体的专业发展。教师专业发展是贯穿教师整个职业生涯的一个持续的过程。作为职前培训和在职培训的中间环节，入职教育的重要性越来越受到人们的重视。因此，在教育改革的过程中，许多国家都采取了许多行之有效的措施来促进教师入职教育的发展。尤其是在日本，20世纪80年代以后，便开始实施新教师培训制度作为教师教育改革的核心内容。

（二）教师入职教育实施现状比较

1. 日、美、英教师入职教育之共同特点

综合比较日、美、英三个国家的教师入职教育实施现状，可以发现它们之间存在着一些共同特点。

（1）强调职前培养、入职教育和在职培训的一体化

传统上，教师职前培训和在职培训被人为地分开。教师入职教育作为职前培训和在职培训的纽带，发挥着重要作用。它既是职前培训的巩固和延续，也是在职培训的基础和前提。这一中间环节的引入，使教师职前培训、入职教育和在职培训三个阶段成为一个有机的整体。从日、美、英三个国家教师入职教育实施情况来看，这三个国家注重教师入职教育在教师专业发展中的过渡和桥梁作用，强调职前培训、入职培训与在职培训的一体化发展，努力构建系统而科学的教师教育体系。

（2）重视中小学现场的教学指导

初任教师面临的最大挑战是如何适应现实教学工作。而要帮助新任教师尽快适应教学工作，则必须让教师置身于教学实践当中。因此，在教学一线由经验丰富的教师指导新任教师的教学实践，是教师入职培养最重要的措施。日本、美国和英国的教师入职教育非常重视对初任教师的教学指导。日本文部省明确规定，接收两名以上新教师的学校必须安排专职指导教师。接受一名新教师的学校应与最近的学校联合任命指导教师。初任教师每周必须有两天时间接受导师一对一的指导。在美国，针对初任教师的各种入职培训项目都要求有经验的老教师参与指导。例如，新泽西州葛拉斯保罗州立学院初任教师入职计划，是大学主导的教师入职计划，其中就有包括一名指导教师在内的支持团队，向初任教师提供教学指导。英国的初任教师入职培训，也主要是指导教师在日常教学实践中履行对初任教师的监督和支持职能。

2. 日、美、英教师入职教育差异性分析

从教师入职教育的实施状况来看，日、美、英这三个国家在入职教育目的、形式、内容、评价等方面都不尽相同。

（1）教师入职教育目的

就日、美、英这三个国家的教师入职教育发展状态而言，各国实施教师入职教育的总体目标是：向初任教师提供实用的并符合个体需求的帮助，以促进他们的专业成长和发展。但就具体目的而言，日、美、英则存在一定差异。

在20世纪80年代后的日本教师教育改革中，新的教师培训制度被提出作为解决日益严重的"教育浪费"的对策之一。这一时期的日本教师职前培训存在诸多问题。但是，由于日本大学自主办学的传统，教授们总是相信教育理论的重要价值，这必然使文部省在大学的改革难以推行。在高校教师培养存在诸多问题，但又不易改变的情况下，新教师培训体系的建立既坚持了开放性原则，又弥补了职前培训的不足，并在一定程度上加强了政治保守主义政府对培养教师的控制。因此日本实施初任教师研修制度的目的有三：一是通过对初任教师的现场指导，培养他们的"实践指导能力和使命感"；二是通过一年的初任教师研修期间，判断其是否适任；三是一种深层次的目的，即通过初任教师研修制度，实现政府对中小学教师的控制。

在美国，教师的供求和其他职业一样，都是由人才市场调节的。在求职者眼中，"教师"只是众多职业中的一种，这必然导致市场供给与学校需求在数量和质量上存在巨大差异，这构成了一对长期存在的矛盾。在美国，教师入职教育最初的重点是降低初任教师的流失率。20世纪80年代以来，二战后"婴儿潮"时期出生的儿童已到学龄期，适龄儿童数量不断增加，急需大批新教师。据当时相关社会研究者估计，美国教师短缺将持续到20世纪80年代至2000年，尤其是数学、科学和少数民族教师更为匮乏。因此，为初任教师提供支持和帮助，缓解他们转型期的挫折感和孤独感，减少教师流失，稳定教师队伍，始终是美国新教师指导计划最基本、最直接的目的。然而，随着教师专业的不断发展，20世纪80年代以后，美国开始重视入职教育在促进教师专业发展中的作用。

20世纪80年代中期以后，英国开始实行"中小学为主"的职前教师

培养模式，试图解决提高初任教师实际教学能力、帮助新任教师尽快适应教学岗位、降低流失率等问题。然而，通过几年的实践证明，职前培训模式的改革并没有收到预期的效果。因此，1999年，英国提出建立新的教师入职培训制度，以更好地解决初任教师的问题。

（2）教师入职教育内容

教师入职教育的内容与中小学教师所应担负的职责直接相关，从更深层次上讲，与一定社会的教师观相联系。从文化因素分析，不同的社会文化背景会形成不同的教师观。所谓教师观，指社会对教师应具备素质和应承担责任的一种认识。

美英两国由于长期受科学主义和功利主义的影响，要求教师具备更多的客观教学技能，同时也根据学生的学术成绩来评价教师。日本长期受儒家文化的影响，不仅仅把学校教育看作是认知传递的过程，而且是一个特殊的文化过程。在这一过程中，从学前到中学，都包含着一些对个体发展有意义的行为，教师被期望深刻阐述并积极地强化这些行为，其中包括个性培养、道德感受以及在合作行动中发展起来的行为特征。所以同美英相比，日本教师通常被期望扮演更为广泛的角色，而不是局限于专业结构内所界定的知识传授。在日本，通过学校和各种活动进行道德教育是学校教育的一个基本原则，并且，道德课也是学校全部活动内容的三大组成部分之一（其他两部分为学科课程和特别活动）。基于此，就可以理解日本公众（包括教师在内）为什么认为"教育荒废"是由于教师在这方面应该做而未能做好所导致的结果。据统计，从1978年到1981年，有387位教师因感到对学校暴力和欺侮行为无能为力而自杀。这样，美英和日本便表现出一个明显的差别，即日本人（含教师）把校内暴力、欺侮等"教育荒废"问题视为是教师的责任，而美国和英国人却把学校纪律松弛、校内暴力等问题看作是对教师职业望而却步的一种理由。因此，美英两国的教师入职教育内容主要限于有关制度与教学业务的学习，包括课堂及学生组织纪律的管理、针对学生特点"因材施教"、调动学生积极性、教材处理、备课、上课、教学效果评价以及与学生家长交流沟通等问题（表5-3-1）；日本的初任教师研修内容，除有关法令、规章制度和教学业务的学习外，还有道德教育、健康和安全教育、教育咨询、学校午餐指导、清扫工作指导等内容。

表 5-3-1 美国某学区的入职指导计划内容

帮助类别	具体内容
制度方面的信息	介绍学区有关教学和教育方面的具体实施程序；对教师的要求
教学及其他资源	教学及其他教育资料存放的地点、领取或发放方式
教学	教学手段及教学过程的指导
精神方面的支持	听取和分担新教师的困难，提供具体帮助
课堂管理	帮助安排、计划和组织学生活动；就纪律管理给新教师出谋划策
教学环境	帮助布置教室
示范教学	让新教师观摩经验丰富的教师的课堂教学；并在课前与课后安排讨论和分析

(3) 教师入职教育形式

一般来讲，教师入职教育计划的实施主体大致有地方教育行政部门、中小学校和大学等机构。据此，可以将教师入职计划的形式分为教育行政部门主导型、中小学主导型、大学主导型和合作型几种。与各国教育管理体制相对应，日、美、英三个国家实施教师入职教育计划的主体不同，其教师入职教育形式也分属不同类型：日本的教育管理体制在传统上是中央集权制，虽然在二战后仿效美国实行地方分权制，但20世纪60年代后，又开始倾向于中央集权。与之相适应，其初任教师研修制度的实施也是由教育行政部门主导。尽管中小学要制订年度指导计划，进行现场指导，但要在地方教育委员会的初任教师年度研修计划的指导下进行。美国在教育管理上属于地方分权制的国家，其教师入职教育计划的实施主体也因地制宜、多种多样。有的教师入职指导计划是地方教育部门（如州教育厅或学区）主导，有的是中小学主导，有的是大学主导，还有的则是合作型的，既有地方教育部门、中小学、大学三方的合作，也有其中双方之间的相互合作。英国实行的是中央和地方相结合的教育管理体制，其教师入职培训的实施，地方教育当局与中小学也是一种合作的关系，中小学承担教师入职培训的主要任务并要保证质量，地方教育当局负责对教师入职培训计划的实施进行监督，并向中小学提供必要的帮助和支持。

(4) 教师入职教育评价

教师入职教育评价是日本、美国和英国教师入职教育的重要组成部分。根据实施方案主体的不同，评价标准也不相同。日本有全国统一的初任教师学习和培训制度。评价标准虽由各地政府自行制定，但必须符合相关法律和文部省的统一要求。因此，可以说，全国实施的评价标准基本一致；英国由各地方教育当局制定评价标准，并据此对各中小学的教师入职培训计划进行监督。美国的情况相对较为复杂，根据实施计划的主体不同而评价标准也多种多样，有州制定的标准，也有学区标准，还有学区或中小学与大学共同制定的标准，等等。从实施效果来看，日本属中央集权制国家，20 世纪 80 年代以后的面向 21 世纪的教育改革，成立了领导全国改革的专门机构，改革措施都以法律形式固定下来，中央同地方政府能通力合作，改革易于推行。此外，自二战后成立以来就与文部省持对立态度的日教组也于 1993 年同文部省宣布和解，这更有利于改革的进展。初任教师研修制度从 1989 年开始实施，到 1992 年便在所有的小学、初中和高中全面推行。初任教师经过一年的研修，其实践指导能力和专业使命感得到明显增强，受到教育界内外的普遍认可。但是，由于日本实行的是自上而下的新任教师入职研修制度，忽视了初任教师主动性的发挥，而且完全将教师职前培养机构排斥在外，这些都被视为影响初任教师研修效果并经常遭到抨击的重要方面。美国的教师入职指导计划，在帮助初任教师改善教学行为、增强自信心、降低流失率等方面也取得显著成效。但由于美国实行地方分权的教育管理体制，各州自行其是，发展很不平稳，有的州要求所有初任教师必须参加入职指导计划，有的州则是自愿参加，此外，各州教师入职计划种类繁多，经费资助差距悬殊，这些都势必影响到教师入职教育的整体效应。英国的教师入职培训虽然由各中小学主导，但地方教育当局负有监督和支持的责任，从而可以保证地区范围内教师入职培训的整体效果。

关于对初任教师的评价，日本和英国较为强调遴选功能，评价结果与初任教师是否继续留任直接相联系；美国除少数州的教师入职指导计划与教师资格证书相结合外，多数入职指导计划的评价为发展性评价，评价的目的主要是了解初任教师在专业素质方面的欠缺，以便采取相应措施予以纠正。此外，日本和英国在评价职责和具体评价过程方面也存在较大差

127

异。日本对初任教师的评价主要由地方教育委员会负责,一般在教育委员会设立负责处理问题教师的"教师资格审查会",具体负责对初任教师的评价。根据初任教师在一年的试用期间的工作能力表现,作为评价初任教师的依据,对特别有问题的初任教师,采取不任用为正式教师的处置。因此可以说,日本对初任教师的评价是一种自上而下的行政式评价,强调统一的标准,初任教师处于被评价地位,只有服从。英国对初任教师的评价,主要由学校负责。在入职培训结束时,校长根据每学期的评价结果作出对初任教师的终结性评价,并向地方教育当局递交一份判断初任教师是否完成入职培训的建议书,地方教育当局一般依据学校的建议书对初任教师做出最后评价。

因此,英国对初任教师的评价可以说是自下而上的评价。另外,与日本相比,英国对初任教师的评价更注重对初任教师权利的保护。初任教师不仅要全程参与自己的评价,每次评价结束后,还要与校长、导师一起填写评价表。在评价过程中,对初任教师成绩评价的标准和方法,事先让初任教师了解。在成绩评价之前,初任教师可以和评价负责人充分讨论,如果某初任教师会被评定为不及格时,必须事先通知本人,让他有申请复议的机会。万一初任教师被地方教育当局评定为"不适合担任教师"时,教育科学部的督学也可以依据自己的观察,再作独立的评价。这些保障初任教师权利的措施,可以保证对初任教师的评价更加客观、公正。

二、关于加强我国教师入职教育的策略思考

在教师入职教育方面,我国长期存在师徒相授的教学指导模式。20世纪90年代以来,初任教师集中培训得到广泛开展。因此,可以说,我国教师入职教育从这一时期已经开始向制度化方向发展。然而,这一时期我国教师入职教育在实践中还存在诸多问题,效果还远远不够理想。如何提高教师入职教育的有效性和实用性,促进初任教师专业的可持续发展,是我国一体化教师教育建设面临的最大挑战。

借鉴日本、美国、英国等先进国家的实践经验,结合我国国情,下文将提出关于加强我国教师入职教育的若干策略思考。

第五章 入职教师教育

（一）保证必要的经费投入

经费是保证教师入职教育顺利实施的必要保障。美国、英国和日本的教师入职教育实践证明，无论计划多么好，如果没有必要的资金，很难付诸实施。20世纪五六十年代，美国和英国认识到教师入职教育的重要性，并制定了相应的入职教育计划。然而，20世纪70年代以后，教师入职教育发展缓慢，甚至停滞不前。究其原因，主要是由于经费不足。80年代后美、英两国都拨出专项经费用于教师入职教育，教师入职教育也因此才得以较快发展。日本在1989年以前，初任教师研修的经费由各县教育委员会来负担。1989年初任教师研修法制化以后，其经费改由文部省全部负担。目前我国还没有设立教师入职教育的专项经费。《中小学教师继续教育规定》指出："中小学教师继续教育经费以政府财政拨款为主，多渠道筹措，在地方教育事业费中专项列支。地方教育费附加应有一定比例用于义务教育阶段的教师培训。省、自治区、直辖市人民政府教育行政部门要制定中小学教师继续教育人均基本费用标准。中小学教师继续教育经费由县级及以上教育行政部门统一管理，不得截留或挪用。"但由于缺乏有力的监督机制，地方财政为教师继续教育列支的经费十分有限，而且又没有明确提出用于教师入职教育的经费比例，在这方面的投入也就可想而知。我国初任教师参训积极性不高、入职教育形式单一、效果不佳等一系列问题的存在，可以说都在不同程度上与经费不足有关。然而，在目前情况下，教师入职教育经费全部由中央一级财政来负担，也是不现实的。因此，教师入职教育经费应坚持"以地方政府财政拨款为主，多渠道筹措"的原则。教育部应明确要求在地方教育事业费中设立初任教师入职教育专项经费，并提出具体的比例和数额，同时还要有强有力的监督机制，保证教师入职教育经费落实到位。

（二）建立健全教师入职教育政策保障体制

目前，我国还没有针对初任教师入职教育的专门法律和规章，只是在1999年实施的《中小学教师继续教育规定》中，用一条款就新任教师培训加以说明。这显然容易造成人们认识上的偏差，即把教师入职教育看作教师在职进修（或继续教育）的一个组成部分，而没能视其为一体化教师教育中一个独立的过渡环节，这样，入职教育在教师专业发展中的重要而独特的作用也就不能凸显出来。

（三）构建完善的教师入职教育组织和管理体系

入职教育在整个教师教育过程中发挥着承前启后的作用，关涉到多方面的机构和人员。只有构建完善的教师入职教育组织和管理体系，才能协调好所有参与机构和人员之间的关系，入职教育的功效也才能得以充分发挥。遵循教师入职教育的协作性原则，应该构建一个地方教育行政部门、教师职前培养机构和中小学校之间相互协调、相互合作的"三位一体"的教师入职教育组织和管理体系（图5-3-1）。

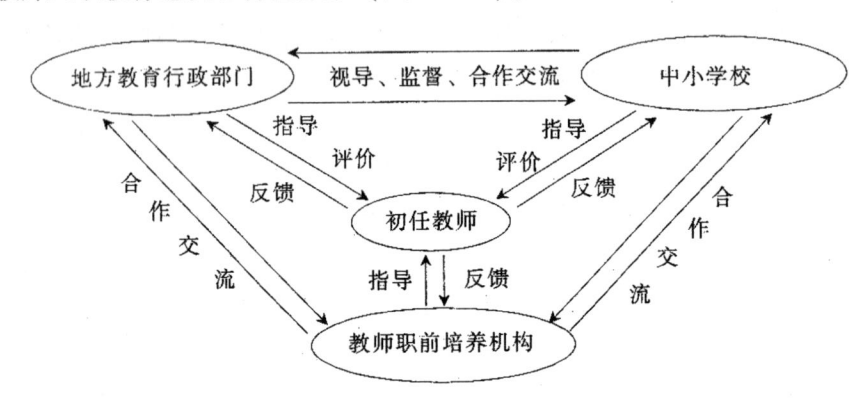

图5-3-1 教师入职教育组织和管理结构图

1. 中小学校成立"初任教师校内指导委员会"

日本的中小学校设有"初任教师研修促进委员会"，美国和英国的中小学也都成立了初任教师指导小组，为初任教师提供指导和评价。借鉴日、美、英这三个国家的经验，我国的中小学校也应成立专门的"初任教师校内指导委员会"，由校长担任主任委员，主管教学副校长或教务主任担任副主任委员，其他各处室主任、年级主任和指导教师为委员，负责辅导、考核本校初任教师的有关工作。

2. 地方教育行政部门设立"教师入职教育领导小组"

地方教育行政部门有对当地教师入职教育进行领导和管理的职责。为了在各级教育行政部门切实有效地履行职责，必须设立"教师入职教育领导小组"。该小组由教育局局长担任组长，负责中小学教育工作的副局长和当地教育学院以及教师进修学校负责培训业务的校长或副校长任副组长，成员可以包括基础教育、师范教育和教育人事等有关处（科、股）负责人，部分中小学校长和指导教师，当地教师培训机构有关教师，教师团体或教研机构的专家或研究人员等。此外，该领导小组还可以邀请教师职前培养机构（师大、师院）的有关教育理论或教学法专家、教授参加。教师入职教育领导小组要负责制定本地的教师入职教育方案，对方案的实施进行宏观管理和协调，加强对中小学校内辅导的监督和检查，组织有关人员对完成入职教育的初任教师进行专业素质考核评价。

3. 鼓励职前教师培养机构参与入职教育

截至目前，我国只有极少一部分院校愿意接受来自地方教育行政部门对出初任教师进行集中培训，因而大部分教师职前培养机构都很少加入入职教育工作。正是这些原因致使人们产生了惯性思维，他们认为师范类院校的学生在毕业后，培养机构就完成了自己应负的责任，而后续入职教育，则属于地方教育向市政部门和中小学校的校内教师教育环境问题，这种思想甚至已经只跟于当代教育工作者的思想深处，并且普遍存在。因此，教师职前培养机构从未把教师入职教育视为自己分内的事情，地方教育行政部门和中小学校除按要求选派初任教师到指定的院校参加集中培训外，也很少主动邀请或配合教师职前培养机构参与当地或本校的教师入职教育。这样，地方教育行政部门和中小学校与教师职前培养机构长期处于隔离状况。当然，按照教师入职教育的本位性原则，入职教育应当以中小学为基地。但若不理解作为教师培养机构的大学和中小学在教师专业发展中的作用和关系，可能会导致对"以校为本"原则产生理解上的偏差。如果教师入职教育不能完全接受之前培养机构共同工作，那么教师入职教育就将会成为一种单纯的、没有任何制度可言的艺徒模式，这样一来，初任教师在接受经验的过程中，会对经验传授者自身的经验展开盲目的信任，并以其未来的专业发展为代价来追求其为了适应教学中能够更好地满足教育需求而产生的应对方法。与此同时，教师之前培养机构要始终不忘初心，牢记内心的使命和责任，为初任教师在入职教育方面打好基础。其中大学与中小学应当建立起全方位的合作广西，只有这样才能够将教师培养过程中就如何平衡理论与实践的关系问题进行有效处理。而之前培养机构

131

加入教师入职教育工作中，能够有效了解本校毕业生的毕业情况，以及教学状态，同时能够帮助学校在己方的教师教育计划更加规范、完善。

至于教师职前培养机构以何种形式参与教师入职教育，美、英两国的经验值得我们借鉴。具体可以采取下列两种形式。

（1）创建教师发展中心

美国和英国在20世纪六七十年代就开始创建教师中心，有的设在地方教育当局，有的设在大学。这些教师中心在开始时，多是以单一工作目标来催生的，但后来的服务范围逐渐扩大。随着人们对教师入职教育的重视，这些教师中心便成为向初任教师提供支持和帮助的重要途径。1972年，美国斯力加斯大学举办了一个题为"教师中心"研讨会，对正在美国兴起的教师中心运动进行检讨，对中心的功能做出了如下描述。

第一，获取新课程及教材。教师利用中心可以获得推行的新课程及其教材。所谓获取，并不是在于该种物件的取得，而是在于使教师对新课程及教材接受方面，作出内化与适应。

第二，技巧学习。中心不仅提供一般性的教学技巧学习，并提供教育由传统式转向开放式而发生的技巧学习，同时，还针对新教材、新课程提供新的教学法。

第三，专业上的更新。教师中心的活动刺激教师重新对个人的专业工作进行检视，并可能由此开展事业上新的一页。

第四，教材发展。教师利用中心制作教学用具及教材，以备教学之用。

第五，传播专业技术。教师们在中心接触，有机会交换专业知识，把新的教学方法及创新的事物传播开来。教师可学习更多的教学模式，增加教学技巧，获取更多的教学策略及行动范式。

第六，不同类型学校教师的沟通。在一个地区，不同类型的学校教师在中心增加了接触，彼此可以了解其他学校的情况。例如中学教师对小学增加了解，一般学校教师对特殊教育增加了解等。这样对了解教师的整体及系统是有帮助的，而且可使不同的学校互相协调。

第七，减少教师的孤立。教师中心可以减低教师的孤立性，并使他们互相之间的距离缩短。教师获取相互的支持，特别是在学校中推行创新尝试时，这种支持可以抗拒对传统的教学常模作认同的压力。

(2) 大学和中小学建立合作伙伴关系

在这方面，美国的教师发展学校可为我们提供借鉴。美国的教师发展学校，融教师职前培养、入职教育和在职进修为一体，为初任教师提供了一个良好的发展环境，已经成为促进教师专业发展的一项重要举措。事实上，从 2001 年开始，我国首都师范大学就与北京市丰台区九所中小学合作，率先创建教师发展学校。之后，其他师范院校也纷纷仿效。与美国一样，尽管创建教师发展学校的初衷是改善大学的职前培养计划和给予在职教师更多职业发展的机会，但师范大学和中小学校的这种合作伙伴关系，无疑为初任教师的专业发展提供了有利的环境和条件。

近几年来，随着我国对教师继续教育的重视，各级教育行政部门都设立了当地的教师继续教育中心，一般附设在教师教育机构。在教师入职教育方面，初任教师集中培训一般由这些中心来组织实施。集中培训是教师入职教育的一种形式，但绝不是全部。笔者认为，应在这些继续教育中心的基础上建立"教师发展中心"，为包括初任教师在内的所有在职教师提供更多的专业发展机会，而不仅仅是组织教师集中一段时间培训而已。通过这种教师发展中心，教师职前培养机构可以更广泛地参与教师入职教育。除集中培训外，还可以组织有关专家参与地方教育行政部门和中小学校教师入职教育计划的制订，开设针对初任教师并与获得高一级学历或学位挂钩的课程，组织专题研讨会，系统培训指导教师，编辑出版教师入职教育通讯等。

（四）改善教学指导

教学指导是指教师入职教育中的一种行之有效的入职教育形式，在目前全球范围内的应用也比较广泛。这种形式在我国的应用已经有相当长一段时间，在我国被称为"师徒帮带"。而这种形式在我国中小学应用比较普遍，尽管如此，其实际应用时并没有一个确切的规章制度，仍然采用自发选举的方法来指定指导教师人选。因此，即便我国大部分学校已经展开了教学指导形式，其实际效果仍旧差强人意。所以，完善教学指导对于我国教师入职教育的创新发展是十分重要的一步。

1. 指导教师的选择和培训制度化

在教学指导过程中，指导教师的选择起着决定性的作用。迄今为止，在我国教学指导这一工作中，通常是经由学校校长或教务主任直接指定一名教师担任指导教师，在此过程中往往没有经过评比和选举，这样一来，对指导教师的选择就不够严谨，并且会出现指导教师只有较高的教学水平，但在责任感、指导能力、人际交往能力等方面的水平相对较低，而这些因素都是应该在选择时全部考虑在内的。同时，在我国中小学教学工作者群体中，指导教师一上岗就会马上对初任教师尽心指导，其依靠的方式往往是"口传身带"通过实践对初任教师进行指导，但却从来没有一种针对指导教师群体的系统的培训模式。因此，根据调查数据能够发现，大部分初任教师认为这种不经过系统培训就上岗的指导教师并不能带来实质性的帮助。显然，这样的结果与指导教师的专业素养以及指导能力有着非常重要的关系。那么对指导教师的选择和培训进行规范、制定制度，才是能够保证指导教师的专业素质、指导能力的重要做法，同时也能够确保教学指导的有效施行。

要想对指导教师的选择具有一定标准，那么指导教师就必须具备某些条件。在通常情况下来讲，指导教师应该具有丰富的教学经验，并且要达到一名合格的指导教师在知识、技能、态度以及价值观方面的标准。另外，想要选择一名合适的指导教师，在选择形式上也要合理、公正。要摒弃以往由校长随意指派教师的观念，因为在这种观念中，校长如果对指导教师没有十分细致的了解，那么在后续的直到过程中，就有可能因为教师的自身素质不达标而出现失误。而在选择、确定指导教师时，应以确定指导教师人选为基础，令指导教师与初任教师进行双方互选，这种形式能够给予指导教师候选人机会，同时也能够在更多方面能力上得到均衡。如何确定指导教师的候选者是一个具有实验性的问题，教师们可以自主报名成为指导教师的候选者，或者由学科教研组、年级组团体进行推荐成为指导教师候选人，二者两种方法也可以同时使用，先进行自愿报名，然后由团体予以推荐，参选的指导教师候选人以及初任教师要以书面形式，将自身的个人信息提交，其中主要包括年龄、职称、任教科目、教学成果等多方面内容。进行以上步骤之后，就可以使指导教师候选人以及初任教师两者进行一定的沟通与交流，使两者之间产生了解和默契关系，在进行双向选择后，再确定一对一指导的关系。

2. 教学指导法制化

法律法规具有规范性和强制性的特点。日、美、英这三个国家有关教师入职教育的法案都有关于教学指导的具体规定，以法律形式来保证教学指导的有效实施。我国尽管有师徒帮带的传统，但直至目前，在任何关于教师教育的法规或文件中，都没有对教学指导这一重要的入职教育形式提出过具体的要求或规范，这不能不说是许多学校的教学指导流于形式的一个重要原因。

3. 教学指导的策略和程序规范化

事实上，教学指导并非仅仅是教学上的支持和帮助，而应有更广泛的含义。因此，下列策略均值得采用：（1）人文关怀策略。在一对一的艺徒制理念下，尊重与了解，关怀与照顾扶持的理念缺一不可。运用之妙则取决于指导教师的人格特质与智慧。（2）楷模示范的策略。无论是教学的准备，教学的灵活变换，教具制作及资源运用、班级经营、问题解决等，指导教师均宜自为表率，以供初任教师参照学习。（3）协同合作的策略。从教学计划的准备到教学成效的评价，初任教师与指导教师之间均宜把握协同合作、沟通对话的精神，共同探究及分析与初任教师专业发展相关的活动。（4）知行合一的专业成长策略。将种种个人的知识、专业技艺的知识和理论性或陈述性的知识融贯统整，知行合一，乃是促成教师专业成长的重要任务。❶ 在实践中，教学指导策略应该是上述几种策略的有机整合，并能灵活运用。

至于教学指导程序，通过参阅国内外有关教学指导文献，建议应遵循以下几个步骤。

第一，组织一个预测性会议。在最初的预测性会议上，应该了解每个人的个人和专业背景，相互关系及其特点，初任教师和指导教师的观念体系，初任教师对优势和缺点的理解，以及制订初任教师发展整体计划等问题。这次会议的目标是为以后的专业发展确立一个牢固的基础。

第二，进行最初的诊断性观察。在诊断性观察中，指导教师要仔细审视所有的教师和学生行为，努力确定重要的优势和缺点。最初的诊断性观察应该事先通知初任教师，给他们一个专业计划和准备的机会。在通常情况下，组织一个观察前的会议非常有用，这可以为初任教师提供一次机会来讨论班级、评论教学计划，并获得来自指导教师的指导信息。

---

❶ 高强华. 师资教育问题研究. 台北：师大书苑有限公司，1996. 249-250.

135

在进行这种诊断性观察过程中，指导教师应该注意到所有有意义的教师和学生行为及其发生的时间。下表给出了一个示范模式（表5-3-2）。

表5-3-2 诊断性观察模式

时间	教师行为	学生行为
9：05	教师在讲桌前，检查家庭作业	大多数学生在交谈
9：08	我们现在开始上课——你们已经交谈了几分钟时间	3名学生没有在自己的座位上，约有一半学生仍在继续交谈

指导教师在观察中要作详细而全面的记录，并且这些记录也要得到初任教师的认可。只要可行，指导教师应该注意在"学生行为"栏目中记录关于学生参与特殊行为数量的详细数据。在进行过程中，这些观察记录可以让初任教师看到，其中不应包含指导教师对所发生行为的评价。

第三，分析观察资料。在课堂教学结束后的很短时间内，在对教学情况还记忆犹新时，指导教师应该独立地对观察资料进行分析，分析的重点是确定初任教师掌握教学基本技能的程度。如果教育行政部门为了评价、管理和监督确定了相关的基本技能，那么应该利用这些相关规定，以确保学校的发展性活动与教育行政部门的评价过程相适应。在对观察资料进行详细分析过程中，指导教师应该确定初任教师的一两项优点和一两项需要改进的地方。

第四，在观察和分析的同时，应该组织一次情况通报会，目的是共同确定初任教师的优点和潜在缺点。指导教师可从两种形式中选择一种：直接和间接。采取直接形式，就是指导教师把带有分析代码的观察记录直接给初任教师，其中可以附一个一般性评价，如"这些记录资料显示，你对学科知识掌握得很好，但可能在课堂管理方面需要一些帮助"。采取间接形式，就是指导教师把一个不带分析代码的观察记录复件给初任教师，并询问他："根据你对这节课的反思和对我的观察记录的考虑，你注意到你自己的优点和需要改进的地方是什么？"对大多数初任教师来说，采用间接形式可能更有效，因为它实际是让初任教师参与发展性议程的制定。但是，如果初任教师表现出缺乏必要的悟性，那么采取直接的形式可能更恰当。不管采取两种形式中的哪一种，指导教师都应该采用一种以资料为基础的问题解决策略，帮助初任教师完全理解观察资料，并反思他的决策过程。

在会议结束时，指导教师和初任教师应确定一项需要加强或改善的技能，并共同确定一个阶段性专业发展议程。

第五，对初任教师的技能发展进行指导。一旦确定了需要加强或改善哪一种技能，接下来指导教师应指导初任教师获得这种技能。在实践中，许多指导教师容易疏忽这一关键环节，从观察到情况再回到观察，没有对初任教师的技能获得进行具体指导。

当确认初任教师对所要加强和改善的技能熟练掌握、完成阶段性专业发展任务后，即可进入下一阶段的循环。需要注意的是，指导教师应该灵活运用这种发展策略。如果有迹象表明初任教师正在取得极好的进步，那么指导教师应该降低这种强化性策略的运用频率和强度。

第六章 职后教师教育

本章主要研究教师的职后教育，并从职后教师教育课程问题诊断与教育创新、职后教师教育模块课程实施与评价、互联网环境下的教师职后教育实践与分析这三个方面入手进行深入讨论。

第一节 职后教师教育课程问题诊断与教育创新

一、问题诊断

就目前我国教师的职后教育体系建设而言，依然存在教育课程建构体系失范的问题。这种职后教师教育课程建构的"体系失范"具体表现如下。

（一）职后教师教育重"客体"不重"主体"

事实上，培养教师是一项非常严肃的事情，它始终要遵守高标准与严要求的原则。究其原因是因为教学行为本身便是一种专业性质的实践，这种实践的过程是非常复杂的。这种复杂性说明了教师的培养不仅仅是向教师传授教学知识与教学技巧，而是要将教师作为生命主体使其参与到教师专业发展之中，要能够在教师的培养实践中以反思自身实践为基础，让教师不断学习和积累教育的实践性能力和实践智慧。教师是教育中的实践主体，需要在教育实践的过程中不断追求自身的存在意义，以及实现教育的最终价值。

但是，工具理性的职后教师教育已经将教育的主体性消除和掩盖了大部分。职后教师教育的课程是将重点放在了社会的需求以及知识的价值，对于教师的个体需求以及兴趣并不重视，甚至没有考虑到如何帮助教师塑造内在认知结构和个性魅力。工具理性职后教师教育课程只是告诉了教师"以何为生"却没有教育教师"何以为生"，这种教育已经失去了教师应该具有的意义，导致教师的工具性越来越强，教师虽然具备了越好越强大的教育能力与教学知识，但却觉得教育工作越发枯燥与无聊，教师这个职业就像一个老师时钟的钟摆，只能在枯燥与无聊之间来回❶。

职后教师教育的人文主义缺失具体体现在以下两个方面：第一，工具理性下的职后教师教育课程并没有重视教师作为人的主体存在，将教师已经存在的教育经验弃之不顾。课程的设置前提就是将教育作为没有经验的教育新人，认为只要将传授给教师教育知识和教育能力就可以使教师具备教育实践的能力。第二，工具理性下的职后教师教育没有给予教师本身的主观能动性和创造力予以重视，只是将客观的、标准化、统一化的教学知识内容传授给教师，并没重视教师的个体性，忽略了教师的差异性、情感与精神解释。所以职后教师教育已经成为学科专家、职后教师教育专家们的独白式教学过程。

（二）职后教师教育重"功利"不重"人本"

职后教师教育因为被工具理性主义所影响，其作为一种教育方式其教育境界并不高，往往具备了极强的"功利性"。冯友兰先生曾经将人类的境界分为了四层境界，分别是：自然境界、功利境界、道德境界和天地境界。实际上，职后教师教育与被划分为四种境界，分别是：功用境界、意识境界、品德境界以及心灵境界。"功用境界"指的是职后教师教育将教学的重点放在了对教师专业性的培养上，尤其是注重培养教师的学科知识、教学能力以及教育技巧等。职后教师教育课程主要的关注点是教师需要具备哪些专业能力，虽然这个关注点并没有错误，但是它远远不够全面，它并没有为教师从业之后的职业生涯做出合理的规划，而课程内容的设置也与"以人为本"的理想没有太多联系。职后教师教育的"功用境界"已经能够充分向我们展现了其课程设置的"功利性"目的。

---

❶ 全景月，阮小飞，2013. 教师教育工具向度僭越的代价 [J]. 继续教育研究（6）.

(三）职后教师教育重"输入"不重"输出"

在当前，职后教师教育的课程实践内容大多是将教师作为学徒进行手把手的传授，也就是传统的"师傅带徒弟"的"学徒制"方式授课。这种经由师傅手把手传授学科知识、教学能力等方式与19世纪中期欧美地区培养律师、牧师等职业的方式类似。但是由于"工具理性"的概念普及开来，中小学的职后教师教育开始逐渐变成了课堂传授知识的形式。这就使得在实际的教师培训的教学之中，运用语言和文字传授知识与能力的比例越来越大，受教育教师实践动手的比例越来越小，导致在教师教育课程实施中，也大多以培训者口头讲授为主，而忽视了教师作为学习主体的主动反思、实践与重构。

另外，职后教师教育课程在实际的教学中有些过于脱离现实，各个教育机构之间没有实质性的联系，无法构建出一个反思教师教育课程的理论平台，接受培训的教师没有体验到"输出"与"反思"带来的效果。在当前阶段，主要承担职后教师教育课程的机构是专业的高师院校和教科院机构，这种两个机构所呈现出的倾向大相径庭。高师院校主要倾向于学科导向。教科院机构主要倾向于实践导向。舍恩曾经提出将反思性实践课程纳入课程体系之中并作为核心课程会产生三个积极的作用：第一，反思性课程如果能够贯穿课程体系，可以将"实践"在专业教师教育中的作用发挥到最大，能够改善理论课程与实践课程脱节的现象。第二，教师的评价标准也会因为反思性课程的加入而改变，教师取得的科研成绩不再是评价教师的第一标准，教师所拥有的专业能力和教学技能在教师评价体系之中的地位会大大提升。第三，能够将教师的专业知识、专业技能以及在实践中的反思进行整合，增加科研与教学专业的联系性，并且对教师进行专业学科的进一步研究起到促进作用。

二、创新变革

美国学者汤姆·戈特将"现实状态"与"理想状态"之间的"差距"称为"缺口"，并以此构建出了培训需求差距的分析模型，如图6-1-1所示。该研究基于职后教育课程的实施与职后教师教育课程的需求调查结果，将理想和现实进行对比，试图对职后教师教育课程的最终形态进行分析。

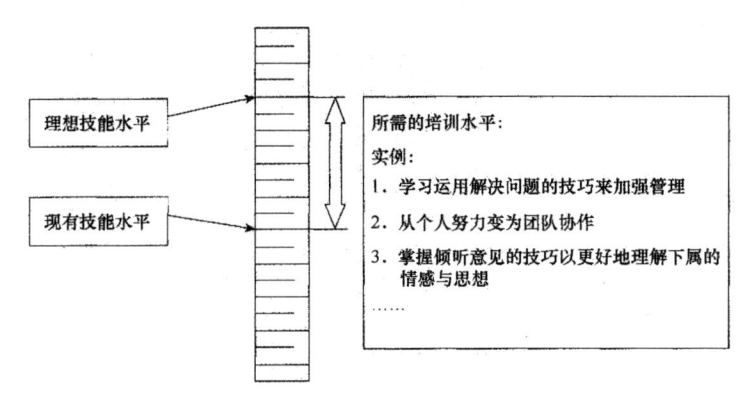

图 6-1-1　培训需求差距分析模型

目前，我国的职后教师教育课程有着下列几个问题：第一，目前我国的职后教师教育课程没有将重点放在"实践"而是过于重视"实用"。第二，我国的职后教师教育课程内容过于注重"主体"而忽视了"客体"。第三，我国的职后教师教育课程的体系构建过于注重"顺序"而忽视了"逻辑"。第四，我国的职后教师教育课程评价体系将重点放在了"当下"忽视了"发展"。第五，我国的职后教师教育课程在实施过程中忽视了"输出"而过于重视"输入"。而实际上，职后教师教育课程的学习是要以实践为根本，以教师专业发展和工作过程为需求，并在教师在培训的过程中还会受到时间和学习资源等学习条件的限制。所以，良好的职后教师教育课程应该满足教师的职业发展，服务教师的工作过程，并且能够满足教师学习的实际情况。所以，该研究所建立的反思实践模块课程是以提升职后教师的专业知识以及实践教学技能为核心，对教师的反思能力进行培养，力图将教师培养成一个反思性实践者。

（一）职后教师教育的目标：培养反思性实践者

人的存在本身就具有双重含义，即主观上人是作为其自身而存在，但客观上又是在自然界中的无机条件下存在的。职后教师教育的本质就是利用有计划、有目的的设计和组织来推进职后教师教育课程的实施，并在实施的过程中培养教师对自身进行自我构建，在自我构建的过程中找到专业

141

发展方向。自我构建不单是教师作为主体对环境和经验的单向反应，而是主体与环境进行多向联系的过程。所以，职后教师教育课程要更改强调"实用"而忽略"实践"的现象，要对教师的主观能动性加强重视，强调教师作为主体的作用，帮助教师进行主体构建，培养反思性实践者。

1. 拓宽反思性实践网络：促进"人"的互动交往

维果茨基作为社会建构主义的代表，认为人的智力结构和思维过程来自和其他人的社会交往，这些交往不只影响到认知发展，实际上创造了认知结构和思维发展。认知活动在社会层面的本质说明了高级心理过程是人与人进行交际互动时产生的，之后再被人进行构建，内化成为自身的认知发展。这也说明，在职后教师教育实践的过程中，主体构建的发生、认知结构的发展是基于社会的互动，与社会是不可分离的。教师的认知活动是其在与他人进行交流活动、反思批评、不断进步的过程中产生、发展的。这就使得教师的认知结构发生改变的冲突只有在社会进行互动协商时才会发生。也就是职后教师教育的逻辑基础是教师的原有认知结构逻辑，这种认知结构逻辑能够帮助教师在与社会产生交际互动的时候完善自身的认知联接，找准自己的专业发展。所以，职后教师教育需要遵守"以人为本"的原则，重视教师作为生命个体的参与，强调教师作为主体与他人、社会之间的交际过程。

2. 唤醒反思性实践者：催生"人"的角色外显

认知构建主义的奠基者是皮亚杰，他所提出的认知构建主义的含义是：知识并不是与客观脱轨并直接观察到结果的构建，也不是依赖于现在存在、客观事物内在的认知结构。智力的作用只有利用认知结构进行展现，认知结构具有遗传性与创造性，并能够通过与其他事物进行交流而形成。以此观点为基础产生的认识论，不可能是先验主义和经验主义，只能是建构主义。所以，教师在与新认知产生交集时会激活自身的认知结构并结合新的认识发生下列三种情况：第一，新旧认知发生联系，教师本身具备的认知结构会发生拓展和完善。第二，新旧认识发生冲突，教师发现新的认知结构比自身的认知结构更加完善，从而根据新的认知结构完成自身教学能力、专业知识、教育经验的更新，生成新的教育实践。第三，新旧认识虽然产生冲突，但教师忽略冲突，用自身的认知将新的认知同化。上述的三种情况，第一、第二种情况会使得教师的整体能力得到提升，但在实际中，很多教师往往会选择第三种情况，他们对于自身的认知结构十分依赖，不想轻易改变自身的认知结构，当新旧认识产生冲突时，无法构建出新的经验和新的认知结构。也就说，职后教师教育课程的一定要遵守"以教师为本"的原则，只有在教师主动参与、主动构建的基础上，教师的学习才能够切实有效，课程的意义才能够真正实现。

（二）职后教师教育课程的结构：阶段化生涯导向

具体来说就是我国的当前职后教师教育结构的问题，其具体表现为课程的内容缺少逻辑性。虽然目前我国的职后教师教育课程内容中存在着知识内在的结构体系，但是这种课程设计并没有站在教师的层面去思考知识结构的构建，尤其是对于教师职业的发展规律、教师的工作环境以及教师的教学实践过程不够重视。也就是不重视"逻辑"而强调"顺序"的问题。

1. 基础课程与特色课程相结合

职后教师教育课程的完善需要建立起一个合理、科学的课程体系，该课程体系需要注意基础课程与特色课程的有机结合。集群式模块化课程模式所具有的"宽基础、活模板"的特点给予了职后教师教育课程完善的新思路。"宽基础"指的是向指定的职业群体提供定向教育，它能够使受教育者在职业群体中一直接受定向教育的基础内容；"活模板"中的"大模块"是对每一个受教育者进行专业知识、能力以及技术的培养，"小模块"是对受教育者进行专项能力的培养。

2. 静态结构与动态结构相互搭配

职后教师教育课程的静态结构是横断界面的学习结构，这种学习结构能够使教师在学习时可以分阶段学习课程。动态结构是以教师专业发展和工作环境为基础发展出的递进式课程结构。所以，在建立职后教师教育课程模式的过程中要妥善处理好静态结构与动态结构之间的关系。

当前的社会是一个时刻都在发生着变化的动态社会，在这样一个动态的社会中，职后教师教育课程需要紧跟时代的步伐，结合以静制动和以变应变的方式，对未来教师需要掌握的能力进行预测，保证课程的顺利建立。在建立课程体系的过程中，要严格遵守教育行政部门的相关规定，对教学内容和课程的设置进行及时调整，保证课程体系的基本框架和主要科目的稳定性，这对学校的师资建设和设备完善有很大的帮助。

（三）职后教师教育课程实施：结构式服务导向

目前我国职后教师教育课程在实施过程中的问题主要体现在重"输入"而轻"输出"。职后教师教育课程的设置过于强调"输入"，许多课程单纯地给受教育者传授教学的讲授和表演，受教育者在学习的过程中十分热情，但却没有对自己的反思，这种职后教师教育课程的课程仅仅将文字类的知识传授给学习者，并没有引导学习者进行反思和内化专业知识。

通过对一些教师进行访谈发现，课程实施是影响职后教师学习效果的关键。教学是一个复杂的过程，但是，在课程实施需求上，能促进教师反思的，基于真实情境的参与式课程实施方式成为大家的第一选择。

首先，我们需要学习施瓦布实现课程理论中的"实践兴趣"——指向课程实践过程的本身。对于以往教师在教学实践中只重视结果评价而忽略实践过程的问题，职后教师教育课程在实践的过程之中要特别注意方式和过程，教育者与学习者要相互理解、共同进步。所以，职后教师教育课程的实施既要重视结果评价，也要重视在实施过程中对教育资源的开发和利用。

其次，各地方与各高校应该以自己的实际情况为基础开发职后教师教育实践课程，建立符合自身实际情况的实践课程活动资源包和课程指导方案，资源包中要能够反映出实践活动课程的内容。实际上，实践课程活动的实施是校本课程的一部分，实践课程要能够体现出校本的特尔，能够反映出地方特色和本土特色。这就需要我们去认真学习和研究施瓦布实践课程理论，将学习、社会与教育专家进行整合，共同开发实践课程，并积极采纳各方面的建议，对课程目标进行科学、合理的设置，及时调整课程内容，使得教师能够实现职后教师教育课程的实践性价值。

最后，我们需要坚决贯彻施瓦布实践性课程理论中的方法论，培养出反思性教师，在职后教师教育课程中设置反思性教学。教师是职后教师教育课程建立、课程实施过程中的重要因素，也是课程与学生之间的桥梁。在当代作为一名教师，不仅是课程的实践者，更是课程的研究者。教师是理论与实践相结合之中课程的关键因素，是推动、创新课程发展与进步的重要一员。

第二节　职后教师教育模块课程实施与评价

一、职后教师教育模块课程实施

（一）职后教师教育模块课程实施的基本理念

1. 在实践情境中合作探究

机械的教学模式、"填鸭式"的讲课方式使得课堂与科学处于被动的位置，课堂中的学生一直以来呆板地听课，课堂呈现出是乏味、枯燥的学习氛围，教学实践活动成为教师进行表演的"独角戏"，学生的主体性无法在教学活动中得到发挥，使得学生的学习兴趣始终低迷。原来是传授给受教育教师如何进行生动、有趣的教学实践课程在教师眼中变成了最不受重视、最不受欢迎的课程，使得职后教师教育的实践性大大降低。但是，培养教师教学实践经验才是职后教师教育课程设置的目的，所以，实践性是职后教师教育的关键要素。

实践才是教师在教学活动中的核心，同时也是保障教师专业发展以及丰富教师实践教学经验的基础。教师职业经过了由权威教师、技工教师、工程师教师到专业化教师的角色转变，当教师转变到专业化教师的阶段，教师需要能够成为教学实践工作的"专家"。专业教师需要能够将实践经验转换成理论，然后再根据理论重新应用到实践当中，将实践与理论进行关联，将自身的实践分析能力和认知能力进行构建。教师需要在实践课程之中汲取实践经验，再将实践经验转化成实践智慧，最终形成教师的实践能力。现在，在全球范围内通用的职后教师教育课程之中，参与式课程培训、研究问题课程培训、合作研究式课程培训等都是目前适合实践情景的课程实施理念。

以往的职后教师教育课程都是由教育者进行完全地掌握，受教育的教授只能处在被动学习的位置。传统的职后教师教育课程教材的设计是由非中小学教师进行编制的,其中会有政府人员、学科专业人员以及相关培训机构的人员等。但是,作为职后教师教育课程实践的主体,教师却被排除在课程设计之外。高校与相关的培训机构在职后教师教育课程实践的过程中拥有课程知识的教学权与编制权,而教师则只能作为受教育者和教学实施者进行将理论知识运用到实践中的工作。在20世纪70年代,西方国家的课程学者受到了当时的后现代主义、建构主义等哲学思想的影响,将课程视为一种多元化的存在,开始对课程的内涵与价值进行多方面的个建构、职后教师教育课程也被这种思潮所影响,开始突破被专家学者、相关培训机构人员设计编制的束缚,出现融合多元化理念的倾向。所以,职后教师教育课程的实践需要将实践体验作为基础课程实施模式,进行多元化的融化合作。

以往的职后教师教育课程在美国的发展是处于教师与专家互不关联的状态,一直到20世纪60年代才开始相互联系,到了80年代才出现初步的合作。在1986年,霍姆斯研究小组曾经提出这样一个建议:"对大学教师和中小学教师进行实践合作联系",到了1980年,霍姆斯研究小组又提出了"建立教师专业发展学校"的建议,并呼吁对职后教师教育的课程进行重新编制,提议让大学教师与中小学教师进行合作,提高教师整体的学习质量。霍姆斯研究小组提出的"教师专业发展学校"的核心就在于提倡大学教师与中小学教师的合作,其基本运作组织有以下几种形式:学校内部的管理"学组"模式、有大学教师和中小学某一班级教师组成的联络小组模式、指导委员会模式、多方协作委员会模式。

2. 在自由场景中自主学习

在之前的职后教师教育课程的实施中使用的是传统授课模式,在这种模式下课程的关注对象是整个教师群体,这就导致了职后教师教育课程的内容过于单一,课程形式较为单调。但是由于接受教育的教师都是不同的个体,每个教师之间都存在着各种差异,不同的教师在教学实践之中存在的问题也各不相同,这导致了单一的职后教师教育课程内容并不足以解决和满足教师的问题与需求,进而使得受教育的教师失去了学习的兴趣,学习效果不甚理想。职后教师教育的课程内容在编制的时候并没重视教师已经拥有的教学经验,对教师的个体需求也不给予重视。职后教师教育的教学并没有发现成人学习的特点,成人学习通常都会根据经验进行定向教学，由于成人往往具备了许多独特的经历和经验，这种独特的经历和实践经验是辅助学习的一种助推器。但是以往的职后教师教育课程并没有重视教师的教学经验，这导致在教学实践当中浪费了珍贵的教学资源，也导致了最终的教学效果不理想。由于以往的职后教师教育课程实践形式都是统一教学授课，这就无法满足不同教师的不同需求，使得教师无法学习到自身最需求的知识与能力，长此以往会限制教师的专业发展。

在进行职后教师教育课程的编制时，要遵守"以人为本，以教师的需求为主"的基本原则。职后教师教育课程的内容设计与开发都应该在以人为本的指导思想下进行，要坚守以人为本的价值取向，要使职后教师教育课程在满足基本要求的基础上还能够促进教师进行自我发展。职后教师教育课程的内容设计与开发会直接影响到职后教师教育的实践成果，所以，当教育者在实践职后教师教育课程时，要时刻遵守"以人为本，以教师的需求为主"的基本原则，要将受教育的教师作为课程实践的主体，尊重主体的存在与需求，在教学环境允许的情况下，可以让教师进行自主选择课程的内容和课程形式。

教师职业是一个需求终身发展的职业，教师的专业发展也是一个动态、持续的过程，所以，职后教师教育应该贯穿教师的整个教师生涯，在终身教育理念之下帮助教师发展教师专业。为了能够满足教师在高速发展的社会中的需求、现代教育改革发展的需求、教师自身能力不断提高的需求，教师需要不断进行学习才能够持续发展教师职业，不断提升自身的专业水平，不断适应进步的教育工作需要。职后教师教育师课程是教师持续学习的延续和实践过程，也是教师教育一体化的呈现。它既是一个最长的教育过程，也是教师不断接受教育的过程。职后教师教育课程的实践不能仅仅依靠规定性质的教育进修需要、学校和机构对教师的定期培训以及相关机构对教师进行的监督和评定，这些动机是不足以驱使教师不断内化、不断自我发展、不断地进行积极学习的。想要教师能够自觉发展专业，不断进行学习和进步，就需要引导教师内心的对于教师职业的热爱与渴望，激发出教师对于职后教育的兴趣，只有这样教师才能够进行自主学习，提升学习效率，达到理想的学习效果。

3. 在平等交流中反思提升

职后教师教育的改革之中有一个非常关键的理念就是要尊重教师作为

147

主体的存在，职后教师教育要遵守"以人为本，以满足教师的需求为主"的基本原则。该基本原则的确立使得教师在教学中的地位发生了转变，由被动接受学习者转换成为职后教师教育课程实践的主体，当教师成为课程中的主体，教师便能够参与课程内容的编制与开发，与课程的实施者拥有相同的地位。或者说，在职后教师教育之中课程实施者应该是服务接受教育的教师，并且要遵守教师的个体差异，为每个教师提供最匹配、最高效的教学形式，为教师的专业发展与综合能力提升提供帮助。

职后教师教育课程实践中的权力平等是基于"以教师为本"的基本原则，如果不给予教师平等的权力，那么在职后教师教育实践中的课程内容与课程形式便都是空谈，只能流于表面。例如，有些学者在权力的层面揭露了权力与情绪的关系对受教育者的培训影响："有一些职后教师教育的实施中，那些给大学教师教学的实施者可能就是教材的编写者。这些教材的编写者对于中学的教学已经有些陌生，所以他们无法对中学教师有实质性的帮助；对于高中的教师而言，他们面对教学实施者的心理是矛盾的，一方面他们羡慕这些实施者的社会地位，另一边方面他们又对这些实施者的泛泛而谈感到鄙夷，不想接受他们的教学。"

对于教师观念的改变是职后教师教育课程改革的关键，但是对于教师观念的转变并不是仅仅依靠口头上，要真正落到实际行动中，要对教师活动的深层行为理论进行改变。也就是要把职后教师教育课程改革的理想与理论植入到教师的心中，将其变成指导教师行为的思想，也成为教师在进行教学活动时的行为准则。只有这样，教师的观念才能真正产生改变，教师才能将自己定位成职后教师教育课程中的主体。想要教师发生观念上的转变就需要由内到外进行引导，首先，这需要一定的时间让教师有适应的过程；其次，还需要教师通过不断地时间和教学活动，并在活动中对自己的行为进行反复研究与反思。

二、职后教师教育模块课程评价

职后教师教育模块课程的评价要以服务教师专业发展为基本原则，所以，要贯彻学业合格评价的基本尺度、职业生涯贯通的发展理念和学分银行融通的认证制度的理念，实施贯通式发展导向的职后教师教育模块课程评价。在设计评价方式以及实施评价的过程中要不断进行创新与套索，始终明确将教师教育成为反思性实践者的目标。评价要以教师的教学实践过程和职业生涯发展为基础，致力于将评价结果运用到相关的教育行政部门之中，要能够使用评价去督促教师作为主体所发挥出的作用和进行自觉性专业发展。评价时要对以解决问题和实践构建为载体的静态结果性评价给予重视，但是更需要重视在评价的过程中受培训的教师是否在解决问题与教学实践之中进行了自我反思。

（一）职后教师教育模块课程评价的基本理念

职后教师教育模块课程评价的基本理念是基于培养反思性实践者的目标而确定的，包括合格性评价理念、职业生涯贯通式发展理念和学分银行融通认证制度等三大理念，如图 6-2-1 所示。

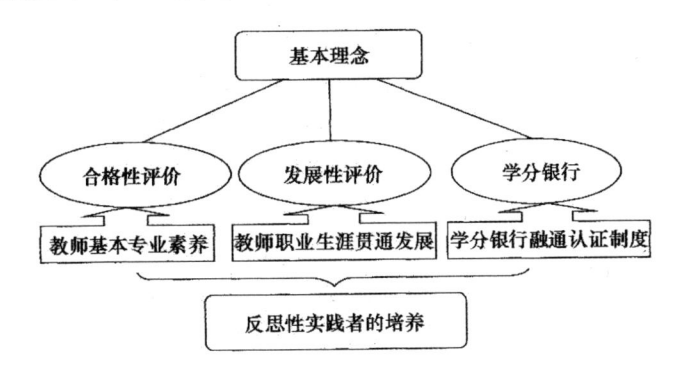

图 6-2-1　职后教师教育模块课程评价的基本理念图

上述中的三个理念和职后教师教育模块课程的组织原则共同形成了一个有秩序的教师实践知识发展规律的网格结构，这种网格式的结构能够使得每个教师都可以在其中找到自己的发展方向和匹配的课程，进而提升自己的教学能力和实践能力，并培养反思性，达成职后教师教育的目的。上述中的三个理念都有着各自不同的关键点，但却都紧紧围绕着职后教师教育目标，进而构建成了职后教师教育模块课程的评价基本理念体系。合格性评价理念是针对传统的评价方式所产生的基础评价，是为了使教师群体能够掌握基础的专业知识和教学技能所提出地评价，也是职后教师专业发展和培养反思性实践者最为基础的评价。发展性评价是贯通教师职业生涯

149

发展的评价，因为在教师在其职业生涯之中要始终保持主观能动性，时刻注重培养自身的反思性与实践能力，发展性评价是根据以人为本的基本原则产生的，所以发展性评价的重点在于对教师的主观反思性和实践能力进行评价。学分银行将教师整个职业生涯中的各种教育转换成学分记载，为各类教育及机构搭建沟通和连接的"桥梁"，为教师职业生涯评价的贯通搭建基础桥梁。

1. 职业生涯贯通的发展理念

无论教师是刚毕业的新人教师还是具有一定经验的学科教师，无论教师是主动培训还是参加学校规定的培训，贯通发展都能够将职后教师教育模块课程的评价贯穿在其中。做到教师无论何时何地，只要在学习就能够进行评价。同时职业生涯贯通的发展理念还体现在把评价面向教师的工作过程，对教师的职业生涯的一生贯通评价。

（1）教师职业生涯发展

教师专业发展的基础与动力是成人学习理论，职后教师教育则是教师职后发展的动力与支撑。教师之所以需要职后发展，究其原因是由于教师经过教学活动之后已经有了一定的教学经验，但是教师的职业发展是一项贯彻教师终身的学习观念，它促使教师要根据自身的专业进行更深入的研究与学习，并在学习与实践的过程中记性反思。职后教师教育是教师职业发展的重要组成部分，也是提升教师教学能力和专业知识的重要途径，职后教师教育课程需要将教师培养成反思性实践者。

我们经常将职后教师教育称作教师的继续专业社会化过程，它对于教师的职业生涯发展十分重要，一般情况下，教师发展的第一个阶段是从入职开始进行培训成为适应型教师。教师发展的第二阶段是教师由适应型教师发展成为知识经验型和混合型教师。教师发展的第三阶段和第四阶段就是教师会发展成为准学者型教师和学者型教师。教师发展的最后一个阶段是教师发展成为智慧型教师。上述的教师五个发展阶段也是教师发展的不同阶梯，每个阶梯有需要不同的基础和条件，同时又对应着不同的发展目标和发展需求。教师的专业发展具有阶段性和连续性，从新手教师到成熟教师，再到骨干教师，每个阶段都有其核心的问题要解决。以"阶段式问题导向"的职后教师教育模块课程是针对教师每个发展阶段的核心问题，利于教师职业生涯的贯通式发展。

(2) 基于发展的职后教师教育课程评价原则

基于发展的职后教师教育课程评价应注重教师职后课程学习后"掌握了什么"和"有了什么反思"及"将如何改善自己的实践"等问题，其应遵循的原则如下。

第一，职后教师教育模块课程的评价指标首先应该是基于教师是否具备反思实践的能力。教师的职后发展需要通过反思不断改善教育教学实践，反思实践能力在教师专业发展的每个阶段都有不同的程度，也是教师应具备的能力。因此制定评价指标前应在厘清不同阶段的教师已有什么样的知识经验、是否具备坚定的教师专业信念、能否进行专业研究等问题的基础上，对教师的实践反思能力进行评价。

第二，职后教师教育课程的评价的实施要多方协商，以便形成共识。教师的职业生涯发展不仅与教师自身的发展有着紧密的联系，更与相关的培训机构、职后教师教育培训计划和师范高校等单位有着联系。因此，职后教师教育模块课程在进行实践时要对地方单位和相关的社会团体的期望进行充分的预估和思考，针对实际情况对课程评价原则进行商讨。只有相关的各个机构共同协商出的评价才能够实施，也只有这样的评价才能让最终的评价结果产生作用。

第三，评价结果的反馈应对促进发展的原则进行充分地利用。职后教师教育更应充分发挥出评价的诊断作用，从评价的过程和结果中找出职后教师教育模块课程存在的问题。相关问题包括：教师职后培训课程目标与培训目标是否一致，培训课程理念是否与培训理念相一致等，从而提出模块课程的改进策略和措施，从而充分发挥发展性评价的诊断和改进作用，更好地实现培养反思型实践者的教育目标。

2. 学业合格评价的基本尺度

美国的课程学专家泰勒曾经对课程的开发与教学计划提出了四个必须重视的方面，分别是：教育计划的评价、教育经验的选择、教育经验的组织以及教育目的的确定。在其中，教育计划的评价作为最为重要、不可或缺的一部分，不仅仅是对模块课程目标是否达成进行客观的评价，更是对教师在学习过程中的表现进行评价。为了保障课程实施的质量，课程的评价是一种不可或缺的手段，也是为了保障教师获取专业知识、提升综合教学能力以及增强教师基本素质的重要方式。教师具备基本的专业素养是培养反思性实践者的重要基础和前提，教师的专业能力发展是与反思实践能力相辅相成的关系。因为，在教师的工作和职业发展过程中，理论知识与实践知识是相互融合的，实践中的反思可以促进理论性知识的发展，而评价是反思的重要依据。因此，为了保证职后教师反思性实践者的培养与教师专业素养的提升，职后教师教育模块课程采用合格性评价是着眼于教师基本能力和专业素养的视角上提出的，最终是为培养反思性实践者而服务。

3. 学分银行融通的认证制度

职后教师的专业发展要依靠教师教育制度的支撑和保障，学分银行融通认证制度能有效解决当前职后教师教育中存在的重复学习和教学资源浪费的问题，对提高教师职后教育效率，促进教师专业发展具有重要作用。提高职后教师的专业素质，是职后教育课程评价培养反思型、实践型教师的重要理念之一。

（1）学分银行融通认证制度的内涵

"学分银行"是在终身学习理念的推动下，在不同类型的教育（包括不同形式的文凭教育和不同的非学历教育课程）之间，以学分的认可、积累和转换为主要内容的一种新型的学习制度和教育管理制度"信用银行"通过模拟或学习银行的远程访问业务和货币汇率换算，可以计算出各种学习结果的信用系统。信用银行融资认证体系是实现各级"信用银行"之间的"信用转移"。在中等职业教育、高等职业教育、本科教育、研究生教育和继续教育等不同层次的教育形式下，共享教学资源。我们应该在正规教育和非正规教育之间架起一座桥梁，把各种教育联系起来。

（2）学分银行融通认证制度的特点

在拓宽学习机会的基础上，"学分银行"融通体系成功地激发了教师的学习欲望。它的相互适应和认证体系为不同的教育体系提供了一个桥梁，并为人们提供了终身学习和获得文凭的机会。信贷银行的融资和认证体系具有以下主要特点。

第一，以人为本，客户至上。学分银行制度可以有效改善教与学的关系，加强学习者的"客户"身份，凸显教学工作者的服务地位。

第二，突破限制，提高效率。"学分银行"的推行可以有效突破时间和空间上的制约，使学习者可以有更自由的学习体验，从而增加学习机会。

第三，融通网络，建设桥梁。"学分银行"是在终身教育理念主导下，为建设学习型社会，促进教育公平和教育"市场"开放的制度。

（二）职后教师教育模块课程评价的方法设计

美国的课程学专家泰勒曾经提出过这样的想法：每一个课程的开发与设计都需要重点强调四个方面，即教学目标的确定、教育计划的评价、教育经验的选择以及教育经验的组织。在这其中，教育计划的评价是最为重要、不可或缺的一个部分。职后教师教育模块课程的设计方法有三个，分别是：确定评价标准、选择评价模式以及制订评价标准。

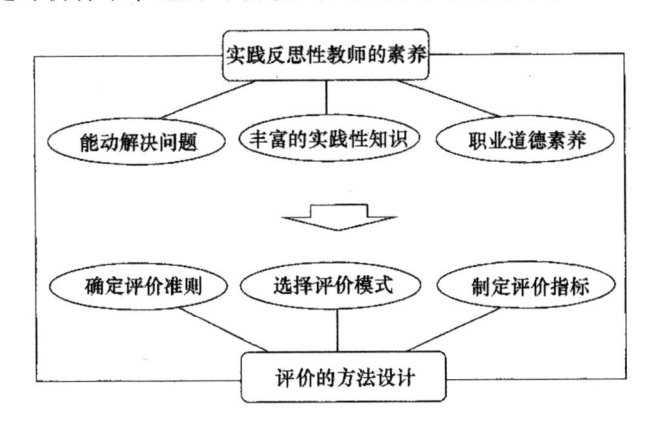

图 6-2-2 职后教师教育模块课程评价的方法设计

有效评价的基本前提是职后教师教育模块课程评价方法的设计。评价标准的设计是根据评价目标作为基础，评价目标应与职后教师教育模块课程目标相一致，来协助职后教师教育模块课程能够进行持续发展，并促进受教育者能够作为反思性实践者进行发展。所以，职后教师教育模块课程评价标准的设计需要和反思性实践者的基本素质相互关联，利用课程目标的程度来达成评价，评价教师能否掌握了反思性实践者的基本职业道德素质、是否具备主观反思的能力、是否通过学习进行自觉解决问题。

1. 确定评价准则

课程评价标准的制定通常受到四个因素的影响：课程评价的目的、评价价值的选择、评价对象的属性和评价的主体。评价标准不是一成不变的，它会随着人们观念的变化而变化，所以每一个评价标准都只是在某一个特定期人们价值观的映射。可以说，该评价标准能够准确地纠正评价实施者的评价理念。虽然职后教师教育评价有多种具体类型，但每个类型的评价标准都拥有统一性和共同性。最基本的方法往往要从下面三个方面进行分析，并在分析和提炼的基础上确定不同类型的评价标准。

（1）职后教师教育的目标

以职后教师教育目标作为起点，确定职后教师教育模块课程评价标准的方法是：以教师教育课程实现教师职后发展目标的程度为衡量指标。职后教师教育模块课程的目标是培养具有反思性的实践型教师，即教师通过模块课程学习，在问题解决的过程中，在做中反思，反思中改善实践，提升反思和实践能力。职后教师教育的目标对教师的职后发展具有导向和调控作用，甚至可以鼓励人们从事教师教育活动的追求和精神。

职后教师教育模块课程评价的标准的要着眼于教师的反思实践能力的培养与提升。在评价教师个人的学习时，要注重评价的过程性而非结果性，比如档案袋的评价方式，教师在学习过程中的小组交流活动的发言、教师在观摩后的反思日记、教师在重构活动中的教学设计等。在评价模块课程方面，关注点则是课程模块的结构能否促进教师去反思实践、课程情境设置是否能引发教师对核心问题的思考、课程的模块是否反映出教师面临的真实教育教学问题以及课程的实施是否能为教师反思实践提供共同体平台等问题。

（2）职后教师的专业发展

教师的专业发展是教师职业生涯发展的动力与支撑。职后教师教育模块课程的评价也是基于教师的专业发展，融合教师的职业生涯发展，为实现融通的发展导向，实现评价的融通。职后教师的专业发展主要依靠师范院校的培训、证书和非证书培训以及教师的自主学习等职后教师的教育和学习活动。以培养反思性实践者为目标的职后教师教育模块课程的评价要着眼于教师的专业发展，将评价渗透到模块课程实施的每一种模式，将教师的专业发展的各个阶段贯通起来。同样，职后教师教育模块课程的评价也是基于教师职业生涯贯通发展的贯通式评价。评价要综合考虑教师专业发展的过去到现在的情况，才能实现培养反思性实践者和教师专业发展的融通和谐发展和模块课程目标的实现。

2. 选择评价模式

教育评价模式是教育评价的重要组成部分，经过了漫长的历史发展，教育评价模式从最早19世纪末的"测量时代"到20世纪30年代的"八年研究"逐渐发展为对价值"判断"为主的第三代评价，至今已经到了第四代评价理论时代。职后教师教育模块课程的评价模式指在相应的理论指导下对评价的原则、程序、内容、过程等要素做出的要求与规定。课程评价依据不同的评价标准与尺度，形成不同类型的评价模式。常用的课程评价模式主要有：以课程目标的实现为重点的目标达成评价模式。重视评价过程中非预期性效应的目标游离评价模式。重视为课程的决策提供有效信息的CIPP模式。为课程计划改革提供有效服务的CSE评价模式。重视大多数人意见的应答模式；重视被评者内心世界和行为表现的鉴赏评价模式；等等。任何一种职后教师教育模块课程评价的模式都反映了课程评价者的教育理念与价值取向，以及在开展课程评价时所选取的操作方法与具体程序。职后教师教育模块课程评价根据其模块课程的特点及性质，主要采用与教师专业连续性发展相呼应的追踪评价模式。以培养反思性实践者为目的的模块课程目标为重点相适应的目标达成评价模式。以及从职后教师教育复杂的利益相关者出发的社会系统模式等三种评价模式。

（1）追踪评价模式

追踪评价模式是20世纪70年代由桑德弗和博里奇两个人提出的，广泛应用于70年代后美国教师教育评价的一种模式。它是美国教师教育评估的基本模式，为后来教师教育评估的发展起奠基石的作用。相比于课程目标模式，追踪评价模式将学生通过学习课程获得的能力放在显著位置。追踪评价模式与教师的职业生涯贯通的发展理念相耦合。教师的职业生涯发展以及专业能力是一个不断发展的过程，从一个师范类毕业生成为一名新手教师，再逐渐成长为熟手教师，再到教师的职后教育与专业发展，教师的职业生涯以及专业能力的成长需要追踪式的评价。追踪评价的施行前提是它必须成为职后教师教育培训机构的组成部分，相关的职后教师教育的实施主体要肩负追踪评价的责任。在进行追踪评价之前必须根据教师教育培训目标进行详细的计划，并且始终保持追踪评价的首要特征，即长时间和持续的评价工作。在评价的过程当中要能动地结合使用定性和定量的评价信息收集工作。由于教师的专业发展也是一个持续不断的过程，因此以持续和长时间著称的追踪评价在教师教育评价中一直占有重要的位置。反思性实践者的培养是以教师丰富的工作实践经验为基础的，是在教师的工作过程中形成的，因此需要追踪评价模式的跟进式评价。

(2) 目标达成评价模式

目标达成评价模式是以预定的课程目标为中心来设计与实施评价，并以目标达成为目的而建构起来的。这种评价模式的是指是通过对教师培训后的结果和成效的测量，从而来确定达到预期规定的课程目标的实现情况。目标达成模式是由泰勒在20世纪三四十年代提出，经过学者们的不断修正与发展逐渐建立起来的一种课程评价模式。这种模式最早应用在"八年研究"中，在评价界上有很深的影响。泰勒认为，评价的目的不是通过测验的方式来对学生进行机械的分类或分等，而是在于判断或测量学生行为变化与预定课程目标的达成度，并为改进课程方案提供反馈与帮助。目标达成模式注重目标在评价中的地位。因为目标不仅仅是这种模式开展和进行课程评价的根本逻辑起点，同时作为评判整个课程设计与实施是否科学、合理的主要依据与标准。由于课程目标都是以课测量的内容为主，因此目标评价模式有很强的操作性，容易被评价人员所接受和操作，所以至今在课程评价领域中占据着重要的地位。

(3) 社会系统模式。

作为社会大系统的一个组成部分，教师职后教育的评价也离不开社会的大系统。职后教师教育评价的利益相关者多种多样，其评价活动所受的社会各方的制约因素也比较复杂，职后教师教育的社会系统是由职后教师教育利益相关者所组成。最为突出的直接利益相关者就是教师教育培训机构、以培养职前教师和促进职后教师专业发展的师范类院校，以及统领掌管师资队伍建设大方针政策的政府机构。除此之外还包括学校的学生、学生家长、学校的领导等等的利益相关者。

教师的职后教育中突出的利益相关者是教师教育培训机构。职后教师教育的培训机构多种多样，因此具有多元化的特征比较显著。基于工作过程的反思性实践者的培养过程中，职后教师教育的模块课程评价是基于教师专业能力与实践反思能力提升的评价，而教师在工作过程以及接受职后教师教育的过程中与诸多的利益相关者有着众多的直接与间接的联系。不同的利益相关者对教师的要求与期望也会有所不同，因此使用社会系统模式有益于形成多方面的多元评价主体，充分体现多方利益相关者对反思性教师培养的诉求。从而形成从职后教师专业发展的直接利益相关者到间接利益相关者对模块课程以培养反思性实践者的课程目标的共同认识。

（三）制定评价指标

1. 评价指标制定原则

职后教师教育模块课程评价指标是进行评价活动的直接依据，是判断职后教师培训成效的重要依据，直接制约职后教师教育模块课程评价的进行和职后教师教育模块课程目标的实现。

第一，目标导向原则。指标是目标的分解体，因此评价指标应该与评价目标保持一致的方向。职后教师教育模块课程评价的目标导向性原则主要体现在指标体系设计要与职后教师教育模块课程目标保持一致，以及与职后教师教育模块课程评价目的相一致的两方面。对职后教师教育模块课程的评价目标主要是为了加强和完善培养反思性实践者，使教师成为反思实践型的教师而教育，因此评价指标的构建必须以此为基础和回归点。

第二，科学性原则。职后教师教育模块课程评价指标的制订要遵循科学的教育理论的基本要求。评价指标的设计既要考虑模块课程评价的最终目标，也要遵循模块课程的实施规律与模式，要尽量做到评价活动与整个职后教师教育的和谐统一。评价指标要时刻遵循实事求是的原则，在指标的制定中要定量与定性分析相结合，所构建的指标要尽量能够较全地反映出职后教师教育的本质特征和评价的总目标。指标的描述要尽量具体，词义要清晰明确，尽量避免使用"合理""比较好""比较满意"等模棱两可的表达。虽然教育本身是培养人社会活动，总会存在一些不能量化的内容，也要做到实事求是。

第三，可测性原则。评价总体目标有些时候存在内容不够具体化和形象化的情况。因此，为了达到模块课程的评价目标，要对评价目标进行分级和分解，才能使得职后教师教育模块课程评价具备可测性。可测性主要是针对末级指标，即目标分解的最后一级而言的，这是因为末级指标本身具有的可测性。如果分解出来的目标还不能直接测试，评价工作就不能进行下去，所以只能一直分解到能测为止。依照可测性原则，评价指标体系的制定要做到数据获取难度要较低、获取的数据要权威又准确、计算方法简易且易于实现计算机化和末级指标内容可以用操作化的语言概括性描述等。

2. 评价指标制定方法

职后教师教育模块课程评价的指标制定是建立在评价目标的基础之上。评价指标体系的建立是为了评价活动有准确的指标可循，并且形成体系，牢固评价活动的整体性。在职后教师教育评价指标体系的建立上，往往可以借鉴多种方法，如头脑风暴（BS）法、因素分解法、典型研究法等，这些方法各有所长，各有所重，但是综合起来有着共同的参考，即从评价目标分析入手、事物的相关联系入手以及模块课程的实施具体内容分析入手等主要三种方面。职后教师教育模块课程的评价的指标制定也要依次考虑这三方面着手点，从而制定出详细又准确的评价指标体系。

第一，从评价目标分析入手，将评级按目标进行分解，准确把握评价目标的本质属性。这种方法的突出特点是简洁、有效。职后教师教育的模块课程的目标是为培养反思实践性者，模块课程的评价的目标便是在此课程目标上形成的以检测和评估模块课程目标的达成度为评价目标。如何对模块课程目标预设的状况进行评估检测，这就需要对模块课程的目标进行相关因素的分解，制定出评价的一级指标、二级指标、三级指标等。

第二，从模块课程与职后教师专业能力之间的相关性入手。世间万物都相互联系相互依存。其中因果关系可以是一个事物的变化引起另一事物的变化。因此我们可以通过观察分析模块课程与职后教师在实践反思能力的变化来制定评价的指标。职后教师教育模块课程是为了使教师发展成为反思性实践者，因此需要加强教师在工作过程中的反思能力，从而提高职后教师的专业能力。这其中反思性实践者应具备的、尚未具备的和可以具备的能力为指标制定的参考。

第三，从职后教师教育模块课程的实施方面分析入手，抓住模块课程实施的全部属性和相关属性。这种方法是将评价指标制定的依据起点设置在课程实施具体内容上。职后教师教育模块课程的实施是以教师实践能力发展为中心并展开的结构式服务导向。模块课程评价指标可以从课程实施过程当中对模块课程基本理念的渗透与呈现，以及模块课程不同形式的实施模式的内容因素来制定。

第三节 互联网环境下的教师职后教育实践与分析

随着信息技术的发展、互联网的大范围应用,大规模的数字化学习与数字化培训不断兴起,教师的交流与学习不再局限于校本培训和校本教研。通过网络在线学习并与有共同需求的教师进行交流,可以极大地促进教师的专业发展。

一、虚拟学习社区的基本概念及理论基础

(一)虚拟学习社区的概念

所谓的虚拟学习社区,最开始是由学者霍华德·莱因歌德提出来的。正是他把虚拟社区的含义设定为"一群借助于计算机网络来进行互相交流的人,彼此之间有一定程度的认识、分享一定程度的知识和信息,从而在网络空间当中所形成的与个人关系网络的社会共同体"。在他看来,虚拟学习社区是伴随着网络而产生的,特定数量组成的人群带着个人的情感来开展特定程度的公开讨论,并在网络环境当中形成的一个与个人关系网络相关的社会共同体。同时霍华德·莱因歌觉得虚拟社区得以形成关键在于对情感关系的重视,在网络当中,通过情感关系搭建起来的个人人际网络就会成为一个虚拟社群。

(二)虚拟学习社区的基本理论

1. 建构主义学习理论

在整个虚拟学习社区当中,多数情况下,教授者与学习者之间是互相平等的,甚至在众多的学习社区里面扮演辅助者角色是教授者。作为一个学习者,学习者学习的过程主要是透过利用资源和与其他学习者之间的互

相交流来完成的。学习者获取的知识并非出于他人的教授,而完全是通过个人来获取的。对于身处相同学习社区的学习者来说,因为个人学习经验不同,所以在虚拟学习社区进行学习的过程中,最终获取的知识也会有所不同。

建构主义学习理论比较看重学习者之间的互帮互助。在整个虚拟社区里面,学习者的交流利用网络来完成,资源进行彼此共享,经验也彼此分享。正是在这样一个网络环境当中,学习者在进行学习的时候可以更多地从其他学习者获得帮助和支持,在学习社区当中最有意义的地方在于学习者之间的互帮互助。

2. 学习共同体理论

(1) 以组建学习共同体的方式来使学生对于整个集体产生归属感和认同感。在虚拟社区当中,如果学生对于具体的归属感和认同感处于缺乏状态时,就会削弱成员交流的积极性,从而陷入有人提问却无人回答的恶性循环当中。反之,一旦成员在虚拟学习社区中对集体产生认同感和归属感,就会使成员更积极地去分享、去交流,就会使社区交流呈现出良性循环。

(2) 以构建学习共同体的方式来建立属于个人的信任感和荣誉感。虚拟学习社区是在一个网络环境中搭建起来的,使得人与人之间容易缺乏信任,学习共同体的构建过程对于建立个人信任感还是很有利的。由于处在网络环境当中的人们进行的是单独交流,使得彼此之间的深入了解显得困难重重,然而在学习共同体当中,一旦某个人得到所有学员的信任,那么此人也可以很快得到新人的信任,而且这个人所信任的人也会很快得到大家的信任。伴随着个人信任感的逐步建立,在虚拟学习社区当中个人的荣誉感将会持续加强。

3. 分布式认知理论

来自于加利福尼亚大学的埃德温·哈金斯以及他的同事们第一次提出了分布式认知理论,该理论看来是分布式的,也就是说认知遍布与个体内、个体间、社会、文化、媒介、环境和时间当中。对于分布式认知理论来说,在个体、环境和文化的交互方面会比较看重,主张把学习者看为真正的核心,聚焦于学习过程中的互动,很留意学习中的情境脉络,相对来说，会比较依靠对于技术和制品的应用。

（1）分布于文化中的认知。文化指的是人们所共享的诸如规范、信号、价值、模块化的信念、工具等东西。文化通过间接的方式来对人的认知产生影响，因着文化背景的不同可能会使认识风格也会不一样。在一个虚拟学习社区当中，能使学习维持长久活力、交互有效的坚实基础在于社会的文化，优良的社区文化对于成员之间的互动交流很有帮助，而社会文化若有社区成员的认同，将会促使社区朝着良性发展。

（2）分布于社会中的认知。在一个真实的情境当中，针对认知活动来说，他不单单分布于工具中，而且还会在规则当中有所分布，分布在有着不同工作性质的人群当中。在虚拟学习社区当中参与学习的成员虽然没有明确的分工，但每个成员都会有着属于自己的特定角色，比如学习过程中的教授者、学习者、助学者、传播者和管理者等，大部分人也会在同一时间段内身兼数职；与此同时，在虚拟学习社区当中制定一些众人皆都认同的社区规则，比如学习过程中当围绕的话题是什么，禁止讨论的内容有哪些，分享文件和资源的具体机制。

（3）分布于世间中的认知。人的认知以横向的方式发布在单个的认知主体所独有的时间维度当中，纵向则是分布于固定的认知主体的过往、现今和未来。虚拟学习社区当中，成员之间的交流活动和建设资源一直都是不间断的过程，成员的学习成果正是在如此动态的过程中得以积累增加。

二、教师虚拟学习社区的在线交流平台——以QQ在线平台为例

通过在线交流平台，解决的主要问题在于：教授者与学习者之间的问题、学习者与学习者之间的交互问题。教授者与学习者之间的交互主要在学习过程中与准备一些材料的教师或教授课程的专家之间。在虚拟学习社区当中，极为重要的一点是学习者与学习者之间的交互。这样不但对学习者学习课程有所帮助，提升学习者对外交际的能力，而且对于获得成员所分享的大量的隐秘知识极为有利。即时交流是作为在线交流平台的主要功能，教师是整个交流的主体，也就是说，参与社区的学习者，不单单有教师，还包括社区管理和自动答疑系统。

即时通信软件——QQ，是主要的在线交流平台，与此同时，可尝试使用酷Q来搭建答疑系统，如图6-3-1所示。在线交流平台当中，社区的主体是教师，可以通过平台来进行提问，发布需求，之后继续通过平台把学习相关的内容及时发送到社区成员的手中；通过使用答疑系统、教师和社区管理依照平台上所提出的问题和需求来进行对应的回应，主要功能有问题的解答、资源的发布和发布公告等；与此同时，作为社区管理者，使用在线交流平台来获取成员的基本需求。这些将成为建设资源平台和建设课堂学习平台的依据所在，同时借助于搭建的资源平台和学习课程的平台，从而为答疑系统供给强有力的支撑。

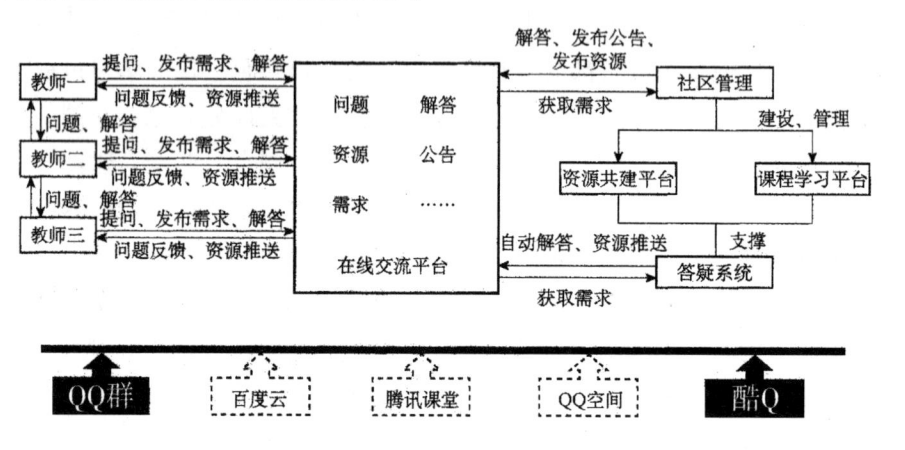

图6-3-1 在线交流平台运行模式

（一）在线交流平台的成员构成

1. 社区中的主要构成人员——教师

在虚拟学习社区里面，教师的身份是作为学习者，而在线上交流平台上面，教师不单单是问题的提出者，而且还是问题的解答者。教师可使用QQ在线交流平台以公开的方式进行提问，还可以尝试与其他老师一对一进行交流。

可以解答教师所提出的所有问题是在线交流平台的第二个主要功能。在线交流平台当中，最为重要的两个组成部分分别是教师所提的问题以及相应的解答。教师通过在线交流平台能够很便捷地提出问题，并把自己的需求发出来。需要的具体种类主要有：资源需求、理论方法需求和技术支持需求等。教师不单单负责提问和发布需求，同时教师也是针对问题进行解答的主要成员。因为教师们各自的学习经验和工作经验都不一样，就意味着他们个人所储备的知识和技能可以进行互补。比如，较为年轻的教师在信息技术的实操方面比较擅长，而年纪稍长的教师往往会有着丰富的教学经验。此外，教师们所教授的学科和学段的不同也会产生极为强烈的互补性。

教师通过在线交流平台把个人的问题和需求提出以后，一般会在第一时间接收到针对问题的反馈以及相应的资源帮助。最开始由教师提出的问题，之后会由其他老师、答疑系统和社区管理来针对其进行解答，完成解答以后会直接在平台上得到反馈。当然，在收到问题的具体解答后也会有来自提问教师的跟进反馈，进一步确认所提的问题是否得到正确答案，是否还需要继续讨论。

2. 社区中的建设、管理者——社区管理

QQ 群提供了教师相互学习、相互帮助的平台，但是这也导致社区中会存在一些不文明的行为，如发布广告和无关信息、传播网络病毒等，所以社区的良好运作必须以社区管理的认真负责为保障。

在线交流平台当中，社区管理的职责主要包括人员的管理和资源的管理。

人员的管理主要划分为两部分：申请管理和清退管理。所谓申请管理，指的是针对申请人群的人员进行一定的审核。针对教师虚拟学习社区来说，通常情况下只准许教师及其教育教学研究者申请加入，其他与条件不符的申请者会被拒绝，从而尽可能地避免不相关人员的进入，减少社区当中不知来源信息的发布。所谓的清退管理，主要是指依照社区管理相关的规则，针对那些违反社区规则成员要么进行清退要么进行劝退，进而使社区内部交流学习的环境得以深层次的净化。此外，社区管理会针对那些违反社区规则的成员加以劝告和禁言，从而对他们的违纪行为进行一定的约束。

所谓资源管理，主要内容包括审核资源、再生产的资源、转存资源、推送和发布资源。除此以外，在共建资源的平台和学习课程的平台，社区

管理既要对课程的建设和管理与资源负责，又要对答疑系统负责。

教师虚拟学习社区是一个完全开放的学习平台，社区上传的资源直接来自全体成员，资源的质量不能得到保障，所以对上传的资源进行初步的审核尤为重要。审核主要目的是为检查发布的资源是否含有计算机病毒、资源内容是否包含不健康的内容、文件打包方式是否合理、资源是否重复等问题。由于在线交流平台上资源存储的空间有限，存储时间也是有限制的，因此在线交流平台中的资源需要定期转存到百度云盘中，并进行分类整理。

3. 无时不在的解答者——自动答疑系统

自动答疑系统，是通过运用一款名为酷Q软件而搭建成的自动应答系统，"关键词库和应答资料库"的建立是搭建系统的关键所在，与此同时，还要把引导系统给搭建起来。所以先是要挖掘和梳理QQ学习论坛当中的关键词。而对关键词进行梳理最佳的方法是运用知识树。所谓的知识树用的是一种智能化的向导代理，通过对用户的行为模式进行分析，以智能化方式带领检索者找到与目标相关的信息。所以以知识树的目标检索理论作为基础来搭建自动答疑系统时，先是要把引导系统建立起来，引导系统可以引导用户找到个人所需的答案或资源。

在引导系统正式建立之前，我们要梳理和分类相关的内容，并要对于内容之间的相互关系进行分析，从而勾勒出一个由问题关键词组合而成的知识树。比如微课制作群，里面所包含的内容主要有软件下载、资源下载、概念下载、软件教程、问题解答等，

其中软件下载又包含各种软件，如视频软件、音频软件、图片软件、办公软件等（图6-3-2）。在视频软件里包含了许多具体的软件：CS录屏、绘声绘影、威力导演等。在引导的过程中，我们会为答疑系统的内容进行分类；之后就要让用户选择具体的分类，并把该分类的第二级分类给写出来；同理，当用户选择了二级分类时，然后就要确定二级分类目录下详细的内容。详细的操作流程如图6-3-3所示。

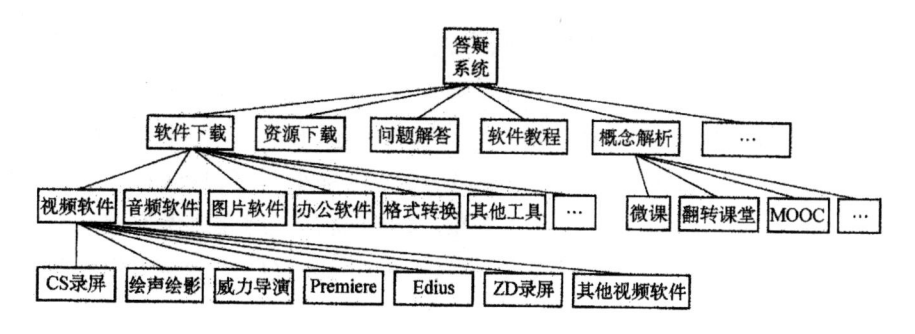

图 6-3-2 答疑系统内容分支知识树示例图

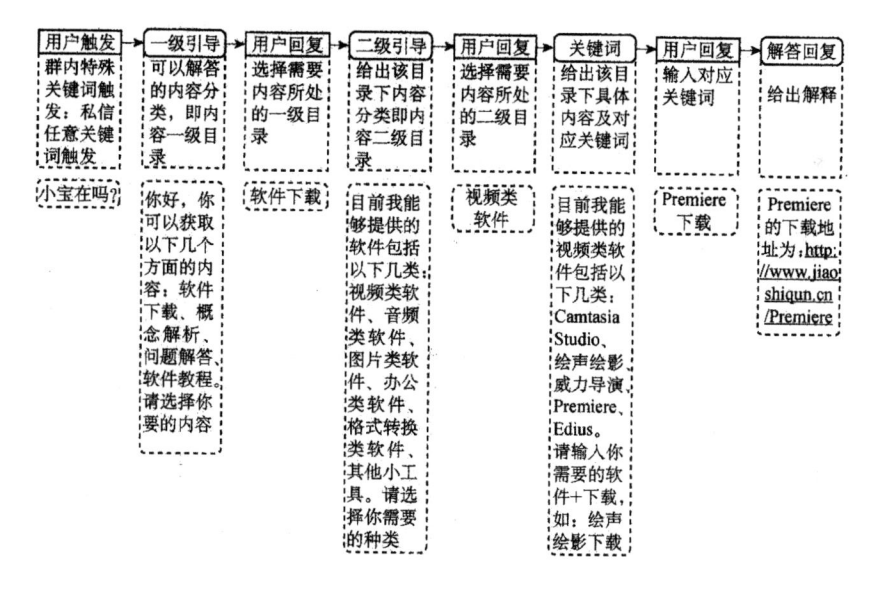

图 6-3-2 引导系统执行过程

（1）定关键词命名规则

要想设计出友好且合理的关键词就一定要遵照相应的规则，而具体的规则就需要分析用户的语言习惯，然后通过汇总和梳理来获取。例如"软件下载"，在虚拟学习社区当中进行交流的时候，通常成员会如此提问："谁有××软件的下载地址？""××软件下载的地址是什么？""下载××软件去哪里？"等。正是以分析这样的语言习惯为基础，我们才能制订出与"软件下载"相关的关键词规则："××软件下载""下载××软件""××的下载"。比如在下载PPT、PS、格式工厂的时候。

以用户的语言习惯作为基础时，还会与文字细节相关，在此处主要包含一些名词的简称、英文的大小写习惯、英文代码和比较常见的错误名称等。比如 PhotoShop，在制定关键词的时候可以有以下五种：全部大写（PHOTOSHOP）、首字母大写（Photoshop）、全部小写（photoshop）、简写大写（PS）、简写小写（ps）等（注意：此处没有考虑省略的空格、首字母大小写以外其他各个字母的大小写等问题，因为这些在语言习惯中很少出现）。

正是基于前面对于规则及文字细节所进行的分析，把下载 PhotoShop 作为例证，就要编写 15 个具体的关键词。

（2）建立问题解答资料库

建立关键词库，只能是针对发现的用户问题进行解决，而只有建立起有关问题解答的资料库才能使用户的问题得到真正的解决。例如微课群，依据解答内容进行分类的话，我们就要考虑建立软件库、资源库、概念资料库、视频教程库、问题解答库，同时还必须建立关键词与解答内容的映射关系。

作为使用者，可以借助于知识树就可以找寻到较为合适的知识源。在对资料库进行筹建的时候，需要对不同类资源的表现形式进行区分，从而选择合适的方式来存储资料，针对概念资料库，以博客文章的方式进行存储会比较合适，对于问题解答库来说，通过简短的文字或博客文字进行存储会比较合适，而对视频教程库来说，通过网络视频的形式来进行存储会比较合适。透过分析不同库的外在表现形式和目前各样的制约条件，最终我们决定把资源包库和软件库储存在百度云盘中，选择把概念资料库和问题解答库放在 QQ 空间的博文当中，选择使用腾讯课堂和土豆网来作为视频教程库。对于简单问题的解答，如果答案也很简单，可以将答案直接放在关键词与解答内容的映射表里。

（3）答疑系统的补充与完善

答疑系统本身需要进行定期的补充和完善。针对那些新近出现并被用户重复提出的问题，则需要完善知识树，并补充答疑系统。

除了要对最近答疑系统暴露出的问题进行补救以外，还要依照用户的反馈对于已经解答过的问题进行完善也是至关重要的环节。由于答疑系统是以用户以往的使用情况作为基础建立起来的，伴随着实践的前行，答疑系统在进行解答的时候可能会在个别地方进行修正或改善，这个时候就需要修改解答库，从而为答疑系统的精准性提供有力保障。除此以外，对于关键词库还需要持续去完善，由于关键词库是依照用户的语言习惯为基础建立起来的，因此伴随着时间的推进，可能会有更多的用户的语言习惯被挖掘出来，而关键词库中加入这些内容是相当必要的。

（4）答疑系统的运行流程

答疑系统的状态主要有三种，分别是解答、引导和信息记录。

当用户抛出一个问题的时候，此时的答疑系统会先提取其中的关键词，若是可以顺利提取到有效的关键词紧接着就会对关键词进行判断。判断后通常会有两种结果：问题关键词和目录关键词。若判断的结果是问题关键词，则相应的答案就被推送出来，而用户就会对推送的答案进行评价，若用户满意答案的话，就会直接退出系统；若是对答案不满意的话，系统就会提醒用户重新发起提问，到了此时，用户可选择重新开始提问，或者是直接退出系统，与此同时，被用户判定为不满意的答疑过程将会被记录下来。若最终的判定为目标关键词，则会直接进入引导系统，以便提示用户重新开始提问。若在最开始用户在输入内容后没有提取到关键词，则会对信息进行记录。被记录下来的信息将会在内容方面进行判断，从中选出一些有用的关键词，进一步采用添加解答和添加关键词的方式来对答疑系统进行持续的完善，针对筛选后留下的不相干的内容暂不做处理。答疑系统系统运作时详细的流程如图6-3-4所示。

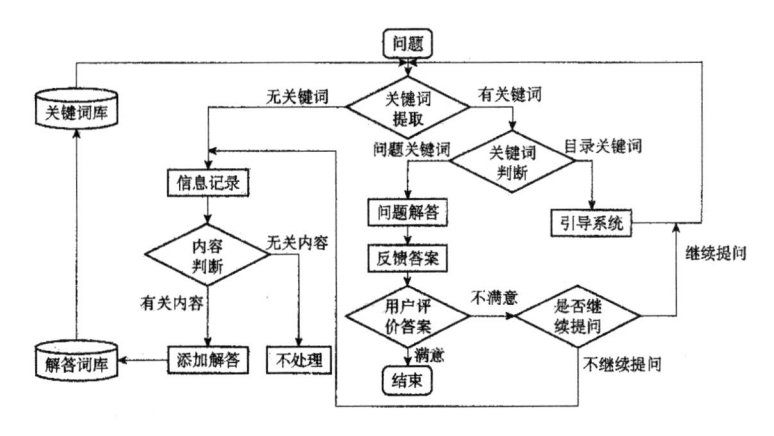

图 6-3-4 答疑系统的具体运行流程

（二）在线交流平台的内容构成

（1）问题。在线交流平台上，最为主要的构成部分正是问题，问题是在线交流过程中基础所在，之所以进行在线交流，是为了使学习者所提的问题得到解决。

（2）解答。问题是得以在线交流的基础，同时也可作为在线交流的起点，那么解答就是在线交流最终目的。正是因为有了解答，才会使在线交流变得更加有意义，因为唯有得到相应的回答，才会使在线交流成为一个学习的过程。

（3）资源。作为在线交流平台，不但是经历从问题到解答过程的平台，而且它还是一个分享资源的平台，通过使用QQ群自带的文件共享功能，大家不仅可以对于个人现有的资源进行分享，还可以通过平台获取自己所需的资源。

（4）需求。作为共建资源平台和学习课程平台共同的基础，教师个人的资源需求和课程需求可通过在线交流平台来获取，依照具体的需求来开展资源和课程的建设工作，只有通过这种方式获取的资源，才会深受欢迎，也唯有这样的课程才能使学习者更加乐于去学习。

（5）公告。主要指的是在固定的在线交流平台上，由社区管理对外发布的、需要每个社区成员获知的公开信息，主要内容包含所推荐的优秀资源、通知课程的学习、筹划交流活动等。公告会通过QQ群公告、QQ群消息定时推送和QQ群邮件等方式来进行发布，这样才能使更多的社区成员第一时间收到相关的通知。

（三）在线交流平台的执行流程

在线交流平台范畴当中的执行层面通常会把教师个人的需求或所提的问题作为切入点，而最终目标在于问题得到解决。

第一个环节需要教师把个人的需求和问题提出来，自动答疑系统在收到具体的问题和需求以后，会即时作出回应，直接给出相应解答或没有任何解答。然后提问教师再根据具体的回应给予一定的反馈，若提问教师对于回应比较满意，说明问题已得到解决，反之要继续开展后面的环节。

第二个环节主要内容为其他教师的解答。指的是在自动答疑的过程中未获得相应的解答或得到的解答教师不是很满意，则会让其他教师来进行解答，然后再通过提问教师来进行反馈。

第三个环节需要社区管理依照其他教师对问题进行解答和提问老师所进行的反馈作为参考来细致地分类。当满意答案是由其他教师那里获得时，就要及时把答案记录下来，并把所提问题归置到关键词库当中；若其他教师依然没进行解答或解答的让人不满意时，社区管理需要针对问题进行判断，判断问题本身的意义所在，对于那些缺乏意义的问题暂不做处理，而对于比较有意义的问题，社区管理需要先把问题记录下来。之后就可以尝试使用网络搜索、组织讨论等方式来解决，最终，依据所提出的问题是否有一定的共性来进行公告或以私信回复的方式来完成对问题解答结果的公布。在线交流平台的执行过程如图6-3-5所示。

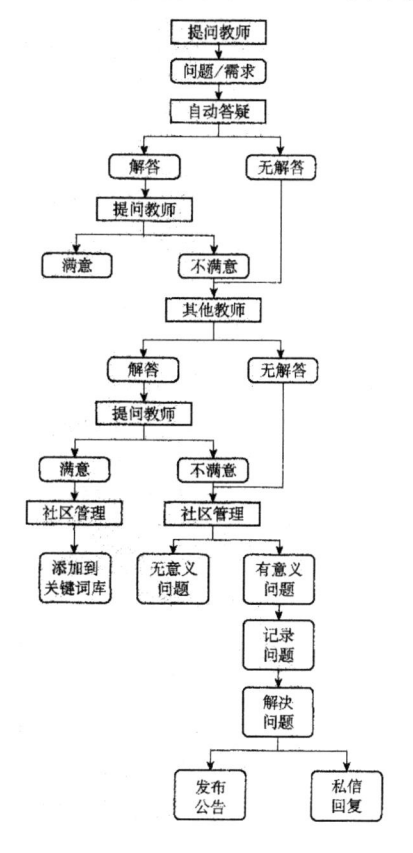

图6-3-5 在线交流平台的执行流程

三、教师虚拟学习社区之课程学习平台——以腾讯课堂为例

课程学习是虚拟学习社区中高级资源应用的有效形式，通常会在高级资源的建设完成以后来开展网络视频课程，除了有网络视频课程以外，偶尔还会增设一些实时交流课程。与在线交流平台随时随地都可以进行交流学习相比较，资源共建平台上的自愿学习和学习课程的内容显得更加系统、学习时间更加集中、果效更加明显。

学习课程的平台主要是由 QQ 群和腾讯课堂来作为技术支持。学习课程的平台需要由在线交流平台来知晓学习者最开始的需求，之后会以访谈和问卷的方式来对学习者的需求进一步确认。从而整理出一个有关课程需求的报告。设计和开发课程的人员在进行课程设计的过程中一定要参照学习者的具体需求，设计网络课程体系当中教学系统设计的内容主要包含分析学习者具体特征、设定固定的教学目标、选择和设计教学内容、评价实施的效果等。还包含课程具体的形式、具体时间和内容的安排以及适合该课程学习的对象等相关内容，课程被设计出来以后就可以发送给社区当中的学习者，而学习者依照个人的具体情况来进行课程的选择。若课程通过网络视频来开展，会促使学生自发、主动地去学习。而若采用的是实时交流的方式，就可以在集体中一起学习，整体学习完毕以后，学习者就可以把个人的学习作品提交上去。已完成的学习作品可放置在资源共享的平台当中成为其他学习者的学习资料，同时也能为课程深层次的完善提供相应的反馈信息。课程学习平台运行的具体模式如图 6-3-6 所示。

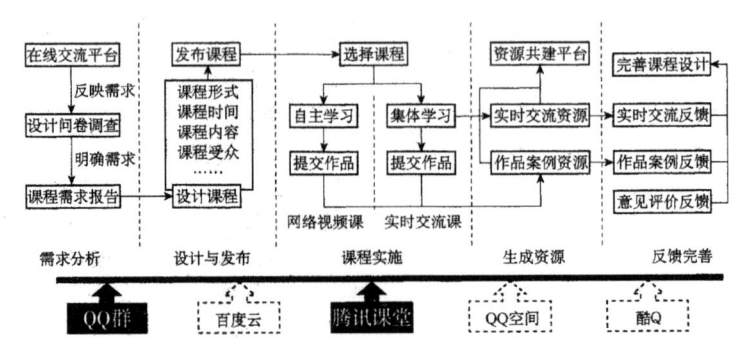

图 6-3-6 课程学习平台运行模式

（一）设计与发布

设计课程的过程要把需求分析作为依据，考虑的主要内容包括课程的形式、课程的时间、课程的具体内容安排和课程的预设受众等。

1. 课程的形式

网络课程的两种形式正是课程的外在形式，主要的形式包括视频课程、实时交流课程。网络视频课程一般情况下比较适合针对较为固定的课程内容进行学习；而实时交流课程比较适合在一些需要深入讨论、内容方面要参考听众来进行调整时加以应用。

2. 课程的具体内容安排

把某个课程的内容进行详细的划分，以分章节的方式来对课程内容进行设计。对于网络视频课程来说，往往会细化到一个具体的微视频及其相关的资源。实时交流课程一般情况下会被设置到每次课程的主题，如果有特别的需要时还会把授课的文档、课件以及相关的案例等进行公布。

3. 课程的预设受众

所谓的课程的预设受众，主要指的是课程所教授的对象，主要包含学习需要的基础、学科、学段等信息，这些对于教师进行自主的选择性学习很有帮助。

设计完课程以后就要发布课程，通常先把与课程相关的内容传送到腾讯课堂并公开发布，然后就可以在社区当中以群公告、群邮件、群空间分享等形式来多方通知，使得更多有需要的教师可以第一时间看到并报名学习。

（二）课程实施

在社区管理发布通知以后，社区老师就能够直接选择自己想学的课程进行学习，选完课程以后就可以开始具体的课程实施环节。

在课程学习平台当中，网络视频课程和实时交流课程还是不一样的。首先，有着不一样的学习方式。网络视频课程是一种以发布微视频及其相关资源基础上所开展的自主式学习内容，整个过程不会受到周围各种因素的影响，由学习者自行设定学习实践。而实时交流课程的实施要有一个固定的、确定的时间，要求每位参与者都必须按照课程表准时参与。其次，关于学习内容的生成方式是不一样的。网络视频课程所学的内容是通过社区管理和参与建设课程的教师在具体设计课程时所确定的。而实时交流课程的内容通常是由参与课程的教师实时的反馈进行的临时调整，学习内容以老师的反馈作为依据来生成。

当然，不论是开展网络视频课程，还是实时交流课程，在整个课程完成以后有通常都会引导学生对于个人的学习作品进行反馈，通过学生提供的反馈有助于社区管理更全面地了解学习者掌握的情况，进而为以后设计课程提供一定的参考，除了这些，学习作品也是很不错的学习资源，可以在资源库中进行添加。

（三）反馈完善

课程学习的结束并不意味着课程建设的结束，透过实施课程的过程和课程学习者所提供的的反馈，对于完善课程来说是建设课程过程中极为关键的一步，是提升适应性和课程层次的核心所在。

课程反馈的内容主要包含意见评价反馈、作品案例的反馈和实时交流的反馈。针对网络视频课程而言，意见评价反馈通常指的是在整个课程学习完成以后，学习者对此所做出的评价反馈，针对课程提出相关的建议和修改意见；而对于实时交流课程而言，通常在某次交流活动以后，学习者会进行整体的评价反馈。意见评价反馈的内容主要包含学习资源的设计和学习内容的安排等。

针对作品案例的反馈主要是分析学习者所提交的学习作品，主要是为了从中找寻出学习者所存在的比较普遍的问题，唯有如此才可以增加或修改课程活动提供更多的参考。

所谓的实时交流反馈，指的是在开展实时交流课程过程中的实时反馈，这些反馈通常都会由被教授的对象直接汲取，从而实现对授课内容和授课方式的调整。

第七章　职前教育与职后一体化培养模式构建

本章通过论述职前职后一体化教育课程体系构建的理论基础、职前职后一体化教育课程体系建设构想、职前与职后一体化课程的实践研究这三点问题，来探究职前教育与之后一体化培养模式的构建。

第一节　职前职后一体化教育课程体系构建的理论基础

一、终身教育思想

时间来到 1965 年，由联合国教科文组织带头所筹办的国际成人教育会议在法国巴黎召开，来自法国的著名成人教育家保罗·朗格朗第一次围绕终身教育为主题作了报告。在他看来："我们日常挂在嘴边的终身教育是由具象化的思想、事项和成就等构建而成，换句话来说，真正意义上的教育，它的内容涉及教育的各个层面、各方面，从出生那个时间点开始持续到生命的结束为止永不停息的发展，主要包含了教育里面各个发展阶段各个关键点之间的有机关联。"到了 1967 年，为了更深入地了解终身教育的概念，国际大学成人教育会议（ICUAE）特意在新纽约大学筹办了有针对性的讨论会。在该会议当中，进一步确认了终身教育的真实含义，也就是明确了：(1) 一定要针对个人从出生到生命终止这段时间内的学习有一个统筹规划，不论是学校教育，还是社会教育（成人教育）一定要遵行连贯性的教育计划；（2）一定要尽可能地避免所学内容之间的彼此独立、互不关联，比如普通教育与职业教育之间是不矛盾的，两者之间有着一定的整体性和连续性，并通过成人教育的观点来完成彼此之间的融合，也就意味着一定要用全面发展的视角来开展改革教育，使得每个人对于教育的认识可以保持统一与协调。1970年，联合国教科文组织在此针对终身教育所存在的问题再次进行了讨论，随后由保罗·朗格朗所撰写的《终身教育导论》正式出版。到了1972年，联合国教科文组织再次整理并出版了《学会生存——教育世界的今天和明天》，重点阐述了有关终身教育发展的思想，并指出"教育的过程是连续的"，"终身教育成为一个具有历史意义的问题，一个与文明本身相关的问题了"。1996年，在国际21世纪教育委员会担任主席的雅格·德洛尔正式向联合国教科文组织上交了一份题目为《教育财富蕴藏其中》的报告。透过这篇报告，委员会决意把与生命相关的外部延展并渗透到社会各个层面的连续性教育就是所谓的"终身教育"，同时还觉得，21世纪的核心所在正是终身教育。

二、终身教育与传统的正规教育的区别

（一）在教育思想方面

传统教育把人的一生分为前后两个部分。前部分主要是受教育，后部分主要是就业，即实施所谓的"儿童期—教育期—劳动期—退休期"这种单向的线性的生活周期，而终身教育是对人的一生进行连续不断的教育，每个社会成员都能对自己的"教育期、劳动期、退休期"自主地进行回归式的自由结合，即实施所谓的可逆式的生活周期。

（二）在教育的内容方面

传统教育局限于传授知识，强调"给予教育"；而终身教育致力于人的完善，使人格的各个组成部分能够保持平衡，协调发展，把教育作为人的成长的手段，强调人的自我学习、自我革新、自我发展、自我完善。

（三）在教育要求方面

传统教育将教育作为获取文凭、筛选人才的手段，终身教育则主张在

人成长的各个方面都能充分发挥自己的潜能。

（四）在教育对象方面

传统教育的对象主要为青少年群体，而终身教育的对象则包括了所有年龄阶段的人，并认为一切人都应当接受终身。事实上，在人生的不同阶段，每个人都可以根据自己发展的需要选择接受某种教育。

（五）在教育主体方面

传统教育强调以教师为中心，学生被动地掌握现有的文化知识。终身教育倡导尊重个体个性和独立性的发展，认为应当激发学生的自主学习意识，并引导学生学会自我约束、自我监督。

三、教师专业化理论的探讨

（一）教师专业化的含义

1. 教师专业

随着社会教育事业的不断进步，教师这一职业在社会中的地位一日提升，而教师群体对这一职业的认识也越来越深刻，这便促进了教师这一职业的专业化发展。

1966年，由联合国教科文组织和国际劳工组织联合发布的《关于教师地位的建议》当中就特别指出，教师这个职业特有的专业性，并觉得"教学应当被视为专业。"直到1986年，国际上的卡内基教育和经济论坛中一个名为"教育作为一门专门职业"工作组整体并发布了一篇名为《国家为培养21世纪的教师做准备》，同一时间里，由霍姆斯小组联合发表了名为《明日之教师》等两篇颇具影响力与师范教育改革相关的报告中，很明确地强调："教师工作是一种专业并不单单是一门技术；而师范教育不再是简单的单次受到时间约束的活动，而是一个透过终身教育事业持续发展的过程。"

远在1994年，国内就已经颁布并实施《中华人民共和国教师法》，其中对于教师职业的定义是这样的"教师是履行教育教学职责的专业人员"。

从某种层面来说，这是新中国成立以后中国首次透过法律的视角来确立了教师的专业地位。1996年9月，在国内召开的全国师范教育工作会议深层次指出，"要进一步深化教育教学改革，提高师范教育专业化水平"，同时还提出："学术性与示范性的统一是体现师范教育专业化水平的重要因素，要求学生不但要具备学科相关的专门知识，一定高度的学术水平，而且还要求具备示范专业较为独特的理论知识、能力和技能。进一步提高师范教育专业化水平，一方面，持续加强学科建设（主要包括基础学科、教育学科的建设），加强针对教师职业技能的专门训练；另一方面，还要加强对于教育学科的研究。"

2. 教师专业化

所谓的专业化，指的是一种职业在历经特定时间段的打磨后慢慢开始成熟，并逐步衍生出一整套成型的知识技能体系和职业道德要求相关的专业标准，并获取一定专业地位的整个历程。而教师专业化指的是基于合理的知识架构，具备较为专业化的教育教学实践能力，并可以使教育教学范畴当中的各样问题得以通过有效性、创造性来解决，之所以这么做是为了使教师在实践过程中的反思能力得到提高。教师职业是一个动态发展的过程，其自身的专业特性当中蕴藏着一个不断专业化的过程。

专业化，不但指的是一个不断发展的过程，而且也指向发展到最终的结果。通过解读教师专业化，可尝试从动态和静态两个层面来看待。单从动态层面来看，教师的专业化是基于严格的专业训练和持续的自主学习，一步步训练成为一名专业人员的成长过程，要想使这个成长过程得以实现，不但需要来自教师自发地学习和拼搏，进而使自己的专业能力得以不断提高，而且还要在外部营造出一个良好的环境，因为这是教师成长道路上不可或缺的重要条件。单从静态视角来看，教师专业化指的是教师职业得以发展为一个固定的专业，还有就是教师得以成为专业人员并获取社会认可的结果。所以，教师专业化不单单是教师不断接受教育的过程，同时也是教师教育的一个最终目标和成长的轨迹，也从侧面显示出整个社会对于教师专业水平和所处地位所给予的肯定和认可。综合看来，"教师专业化"和"教师专业发展"这两者还是有着彼此相通的地方，其本质都表达了加强教师专业性发展的过程。但如果细致地进行分析，则会发现这两个概念是存在区别的。"教师专业化"是强调教师群体的、外在的专业性提升,"教师专业发展"主要是指教师个体的、内在的专业性提高。

(二) 教师专业化的阶段性特征

教师专业化是一个连续的发展过程,但它不可能平稳的、整齐的向前发展,对于教师职业生涯的发展有各种不同的观点。

1. 费斯勒的教师职业生涯发展阶段论

费斯勒根据自己针对教师职业生涯发展多年研究的成果,独创出一整套动态的教师生态循环论,把教师从新进人员直到成为资深成熟教师的整个生涯历程进行划分,主要分为以下的八个阶段。

(1) 职业教育阶段

职业教育阶段是教师入职前的学习阶段。如果不学习与教育相关的基本知识和技能,教师在入职后便会有一段相对较长的职业适应过程,而且在没有接受过专业培训的前提下,教师很难高质量完成教学工作。

(2) 实习导入阶段

这个阶段主要指新入职教师的工作和学习阶段。尽管这些新入职教师在入职前已经接受过较为系统和专业的培训,但毕竟课堂理论知识的学习和实际运用之间还是存在相当大区别,因此这一阶段是教师将理论知识转化为实践能力的重要阶段。

(3) 能力建立阶段

在这个阶段当中,教师要尽可能对个人的教学技巧进行改善,使个人的教学效率得以提高,不断探寻新材料,持续挖掘和应用新方法、新策略的阶段。身处这个阶段的教师通常很容易汲取一些全新的观念,也很热心参与研讨会、观摩会,专注于做研究、进修课程。此时的工作虽说有一定的挑战性,但他们内心却渴望个人技能可以得到更全面的提高。

(4) 热心成长阶段

当教师的教学能力得到初步提升后,教师的工作积极性也会在一定程度上得到提升,并逐渐为自己规划之后的职业发展目标。在这一阶段,教师工作的主动性较强,且具有不断提升自己综合能力的意识,在积极学习的同时,往往也会积极参加各种学校组织的培训活动。

（5）生涯挫折阶段

处于该阶段当中的教师，很有可能在个别因素的影响下以致在教学方面遭遇挫败，理想被淹没，对工作很不满，心情比较沮丧，继而开始质疑个人的工作能力以及从事教师职业的正确性。这个阶段正是大多数人所常说的教师职业的倦怠期，这个期间所产生的挫折感在教师职业生涯发展的中间阶段还是比较常见的。

（6）稳定停滞阶段

该阶段是教师职业发展的平稳期。一部分教师会在这个时期出现停滞不前的状态，怀揣着"做一天和尚，撞一天钟"的心态参与教学工作。这部分的教师只会做一些分内的工作，不追求功绩，但追求没有过错，还有一部分教师安于现状，该阶段也是教师缺乏斗志的阶段。

（7）生涯低落阶段

这一阶段的教师往往会产生离职的想法。一些教师会对自己以往的职业经历进行回顾，并感受到自己工作多年获得的成就感。但一些教师在回顾以往工作经历后，则感到自己一事无成，如此便陷入苦闷当中。如果教师不能以积极的心态度过这一时期，则很有可能导致职业的中断。

（8）生涯引退阶段

该阶段属于教师走完个人教学生涯之后的时期，有的教师选择找一个临时工作，有的教师选择安享天伦之乐，还有些老师会选择从事一些与教学不相关的工作。

2. 白益民的"自我更新"取向教师专业化发展过程

来自华东师范大学的白益民博士，基于对大量国外研究成果，主要从两个方面进行考虑：一是教师自我专业发展过程中所聚焦的重点；二是教师自我发展所达到的水平，特别指出"自我更新"取向教师专业化发展进程中的五个阶段。

（1）"非关注"阶段

指的是成为老师开始从事教育工作之前的时期，该阶段时间跨度要从正式开始教育工作一直追溯到童年时期。

（2）"虚拟关注"阶段

指的是教师在从事教育工作之前进行示范教育的时期，实习期也包括在内，映射出的核心在于在校学习期间的师范生的发展情况。

(3)"生存关注"阶段

指的是刚从事教育工作的教师个人专业发展的阶段，他们要独自承担来自生活和专业的双重压力，以便顺利完成从师范生向着教师的转变，通过教学工作来克服对教学的不适感。

(4)"任务关注"阶段

指的是教师在个人专业方面日渐趋于稳定、持续发展的阶段，伴随着逐步掌握的最为基本的"生存"知识和技能，会使教师的自信心持续增强，从单单聚焦于个人的生存方面转变为对教学工作的更多关注；从起初的"我能行吗？"转变为"我怎样才能行？"。

(5)"自我更新关注"阶段

身处于这个阶段时，教师们开始更多关注个人专业能力的提高，并在一定程度上淡化了外在评价或职位升迁对自己的影响。可以说，关注自身专业的质量成为这一时期教师自我发展的核心。随着教师教学经验的不断丰富，他们能够从中获得更多、更深刻的体悟，进而对自己的职业行为进行反思，这也在一定程度上推动了教师专业的发展。

3. 傅乐的教师生涯关注阶段论

在傅乐看来，在成为真正意义上的老师过程中，教师所关注的事物大致可分为四个阶段。

(1) 教学前关注阶段

这是一个用来培养师资的时期，对于教师工作仅仅处于想象层面，因为还没有真正参与教学工作，是没有任何教学经验的，因此只能选择关注自己。针对处在观察初期的教师来说，时常会有着不一样的表情，甚至还会有些刻意的成分，带着批判的态度去观察。

(2) 自我关注阶段

此阶段为教师初次接触教学工作时期。在这一时期，由于教师刚刚进入社会，因此他们更关注的是自己的基本生存问题。而新入职教师的工资待遇通常不十分理想，加之学校领导会对新入职的教师予以特别的关注，因此在这个阶段教师具有相当大的压力。

(3) 任务关注阶段

该阶段的聚焦点在于教学情境中遇到的各种限制和挫折，还有就是与教师教学能力与技巧相关的要求。所以处于该阶段的教师所看重的是个人从事教学工作中需要的知识、能力和技巧，关注的核心点在于个人的表现，而非学生的表现。

（4）学生关注阶段

大部分参与教学工作的教师，在正式任职之前都会对学生学习、社会、个人道德和情感方面的需求加以关注，只不过他们缺乏具体的行动。实际上，他们并不是不愿付诸行动，而是他们不晓得该如何开始行动。直到他们成为正式的教师以后，通过在教学工作中所积累的经验学习到怎样克服困难和从事繁重的工作时，才会真正对学生的学习状况加以关注。

第二节　职前职后一体化教育课程体系建设构想

一、构建职前职后一体化教育课程体系的原则

（一）实用性原则

教师教育课程设置应充分考虑课程的实用价值，不合理、不实用的课程应当尽快进行修改，或者取消。职前教育的实际目标是解决学生的就业问题，培养出符合社会需要的教师，而教师职后继续培训的目的是帮助教师更好地将知识应用于实践，进而获得更好的教学成绩。因此，在课时过多、课时紧张的情况下，应简化一些过时的、不合理的课程，增加一些实践性课程。

（二）面向社会的原则

教师教育的发展并不是孤立的，它必须满足社会发展的需求。而"社会发展需求"这六个字所包含的内容实在太丰富了，因此我们要对社会发展需求进行分析，这是教师教育发展的大方向，只有方向对了，教师教育才能得到迅速的发展，减少走弯路的概率。

第七章 职前教育与职后一体化培养模式构建

（三）综合性原则

在当代，各个学科专业人才的培养都不再局限于这一门学科的知识，并且十分注重对学生综合能力的培养。这种教育模式并不会导致学生专业学习不精，反而更有利于学生在实践中运用所学的理论知识。培养老师的过程也是这样的，所以我们在对课程进行设计时一定要按照综合性原则，这也是教师教育课程设计方面未来的一大趋势。设置一些综合性的课目，还会设置一些跨学科和处于边缘地带的交叉学科科目课目，除去学科之间明显的界限，通过主题及其他方式来完成学科内容之间的融合，多开展综合教与学的活动，这样的话不但能节省课时，而且还能拓展个人的知识面。

（四）一体化原则

教师教育的过程是一个由职前教育和职后培训所共同构建起来系统整体，不能把其分裂成单独的部分来看。在对课程的具体内容进行设置时要全面地规划职前和职后教育，构建起一个教师开展教育工作的不同阶段之间既互相连接又有所侧重的系统化的课程架构。

（五）发展性原则

教师教育设置课程过程应当以发展的视角来切入。不论是还没开始参与教学工作的预科教师，还是已经在职的教师，都需要经历一个自我发展、充盈和提升的过程，也是一个自我成长的历程。依据开发具有发展性课程的相关原则，我们一定要对教师成长规律进行深入的研究，从而为身处各个职业阶段的教师设计出与他们职业需求和个人成长相符的课程。摒弃之前一刀切的培训教师的方式，真正透过发展的视角来规划课程，带动教师的稳步成长。

二、教师教育职前职后一体化课程内容设置

（一）职前阶段课程设置的内容

通过职前培养出来的是预备教师，所以针对他们来说，培养的核心还

是在于传授教育基础理论、自然科学、学科专业知识和社会科学理论，使学生掌握的基础知识进一步拓宽，突破专业瓶颈，同时要通过相应的培训和环境熏陶来加强文艺、卫生、体育等方面的素质能力。在介绍之前先看一下职前教师教育课程的组成示意图（图7-2-1）。

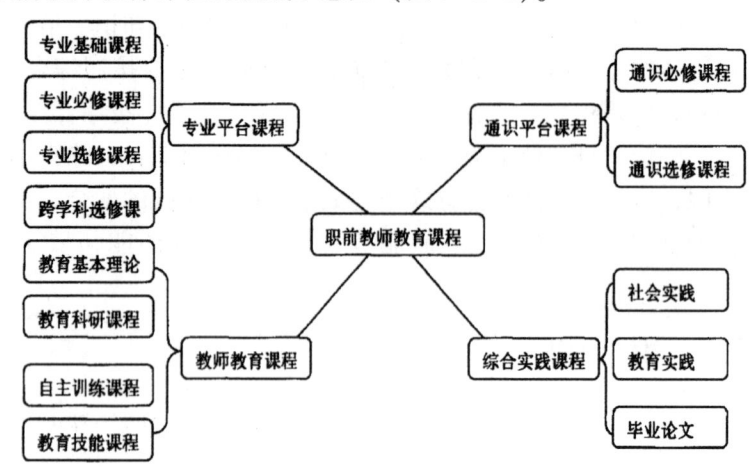

图 7-2-1　职前教师教育课程构成图

在此基础上，下文将对通识平台课程、教师教育课程和综合实践课程进行论述。

1. 通识平台课程的内容框架

就我国目前教师培养的基本情况来看，如果要将现有的通识教育课程进行较大的改动，是不太现实的。但每个学校可根据自己专业设置情况和培养目标，对通识教育课程进行适当的修改，从而从整体上提升本学校的教学质量。譬如，把大学语文和法律基础知识列为为学生的必修课程，因此适当修改以后的通识教育必修课程的模式是这样的：政治理论课+计算机+外语+体育+思想道德修养与法律基础+大学语文+数学+文献的检索（理工科的必修课是大学语文，而数学是人文社会科学的必修课）。我们基于必修课程的微调并对于选修课学分所占的比例适当的增加，使学生个人的知识面得以拓宽，所以在此处所构建的通识选修课模式也是刚刚上路。该模式是参考1998年任教于台湾大学的黄俊杰教授所主领的研究项目历经全方位规划的大学通识教育课程体系的基础上构建起来的，至于选修的方式可尝试使用"分布必修式"，具体指的是"针对学生一定要修习的学科

第七章 职前教育与职后一体化培养模式构建

领域（通常指的是自然科学、社会科学和人文科学）以及在其他相关领域当中最少应当修习课程的门数（或者是最低学分数）有着相关规定的涉及通识教育的课程计划"（如表7-2-1）。

表7-2-1 职前教师教育通识教育选修课程设置的构建

课程领域	课程类别	具体课程内容
人文学	"自我的建构"	逻辑推理与哲学思考、西方哲学史、美感经验与文学欣赏、音乐欣赏与理论、中国（西方）艺术史
	"自我的发展"	中国文化的发展、中国历史（文学）与文化、现代世界的形成、东亚文明的发展、儒家经典名著选读、道家经典名著选读、西方文学经典名著选读
社会科学	入门性课程	社会科学导论
	互补性课程	文化与文明（人类学取向）、个人与社会（社会学取向）、适调与互动（心理学取向）、自律与他律（法律取向）、生产与消费（经济学取向）
	整合性课程	文化与生活、当代社会思潮、家庭与婚姻、文化与社会、社会问题分析、科技与社会、人与环境、心理现象与社会行为、资讯社会与媒体传播、沟通与表达（含道德推理）、社会变迁与发展、经济与社会、法律与社会
生命科学	生命科学基本原理	生命科学概论（生命科学原理、生命科学与人类文明）、生物的演化
	生命科学与人类	基因概论、生态与环境、生物与文明、生物科技、性与社会、食品营养、医药与卫生、心与脑、人口与粮食、环境保育、生命与人
物理科学	科学方法论	数量推理、数量与文明、量测技术

183

续表

课程领域	课程类别	具体课程内容
物理科学	基础科学概论	化学与生活、基础物理、电子学入门
	资讯科学与现代生活	电脑与生活、资讯与教育、自动化、电脑与艺术
	资讯与能源	核能技术、能源与交通系统、高分子概论
	环境认识与保护	认识宇宙、认识海洋、河流污染与防治、自然观察
	科学与文化	中国科技史、西方科技史、近代物理学之演进、专业伦理

选用这个模式作为参考,是因为它符合通识教育的目标,并根据中国人的口味及实际情况做了适当的修改。选择"分布必修式"这一形式,是因为在管理上容易实施,可以把更多的精力转移到提高课程质量上来。

2. 教师教育课程

依照处于职前教育所设定的培养目标,从事职前教育的机构当中应当设置的教师教育课程主要包括:教育基本理论课程、教育基本技能课程、教育科研课程、自主训练课程和教育实践课程(如表7-2-2)。在这里,教育实践课程应当归属到综合实践范畴当中,会在后面针对综合实践方面展开深入研究。

教育理论要历经一定的实践来进行检验,在特定的时间和空间当中是正确的。它是开展一切教育教学行为的基础和向导。正是在它的引导下,使得教师在教学工作中的盲目行为大大减少,从而避免了教师犯下更多的过错。苏联著名的教育家马卡连柯曾说过:"我非常重视教育理论,离开教育理论,我是不能工作的。"由此不难看出,教育理论在教学工作中所发挥的重要作用。之所以开设教育科研课程,是为了针对教师的探究意识和创新精神进行培养。

表 7-2-2　职前教师教育教育类课程设置的构建

课程类别		课程内容
教育基本理论课程	必修课	教育概论、教师职业道德、教育心理学、教育哲学、中小学教育改革的理论与实践、学科教育学、教育经典名著选读
	选修课	心理学、中外教育简史、课程论、青少年心理学、教育法规、比较教育、心理健康教育、德育论、西方心理学史等
教育基本技能课程	必修课	现代教育技术、教学技能训练与评价、教学设计、课堂教学心理学
	选修课	班主任工作、中小学心理健康与咨询、学习的理论与实践、教学策略、中小学心理卫生与保健、教学技艺、班级管理等
教育科研课程	必修课	教育测量与统计、教育科学与研究方法
	选修课	当代教育问题研究、国外教育发展动态、心理测评与诊断、行动研究、课堂观察等
自主训练课程		教师口语与演讲技术、板书、书法

3. 综合实践课程

这里面的教育实践课程，摒弃了之前的单调形式，引导我们透过教育考察、教育观摩、教育服务以及实际体验等方面来详细规划，而且教育实践渗透到学生整个学习生涯的各个阶段。而不单单是毕业前的教育实习和见习阶段。

（二）职后阶段课程设置的内容

职前所进行的教师教育并非教育的全部，只是一个起点和基础。而教师教育不但要有一个良好的起点和基础，还要有一个处于持续发展状态的未来。依据教师成长阶段的基本规律，职后教育阶段可以划分为入职的教育阶段、合格教师的培训阶段、骨干老师后的培训阶段和专家型教师的培训阶段等，所以，职后阶段的课程内容应参考这四个阶段各自的特征来进行安排。

1. 入职教育阶段

该阶段属于教师生涯的初始阶段，也是一个从学生角色转变为教师角色的过程。刚刚从事教育工作的老师时常会在这个阶段感觉很不适应。所以，该阶段进行教师培养的核心要点在于引导他们如何把自己所学的科学文化知识在真实的教育教学中加以应用，好使他们尽快地适应新环境，顺利地完成从学生到教师的过渡。在这个阶段，还要培养教师的职业道德教育，并与具体的教学实践相结合，切实遵照教与学和课程评价的相关标准，以达到岗位的基本要求，有助于刚迈入教学工作的新教师一步步成长为一名合格的教师。

把这些作为基础来针对入职教育的课程进行设计并作为参考（表7-2-3）。

表7-2-3 入职教育的课程内容设置

培训对象	0-3年教龄中小学教师	
培训目的	通过培训，使其巩固专业思想，熟悉有关的教育法规，初步掌握所教学科的教学常规，熟悉教学内容，尽快适应中小学教育教学工作	
培训内容	道德与法规	中小学教师职业道德规范、教育政策法规、学校的规章制度等
	基础教育课程改革	《基础教育课程改革纲要解读》、新课程理念、学科课程标准解读、新课程与教师角色转换、新教材分析、新课程与评价方式改革、素质教育基础理论等
	教育理论与学科教学	现代教学论、教育心理学、研究型学习的理论与实践、科学探究教学方法、教学技能与训练、所担任学科的教学大纲以及班主任工作等

2. 合格教师的培训阶段

处于该阶段的教师，对于教育教学工作已经基本适应，也通过教学实践积累了一定的教学经验，教育工作的核心已经从"关心自己"过渡到关心学生。针对该阶段的教师所设计的培训内容可作为参照（表7-2-4）。

表 7-2-4　合格教师阶段培训的课程内容设置

培训对象	4-6年教龄教师		
培训目的	通过培训，使中小学教师坚定职业信念，具有良好的职业道德，不断更新和拓展知识结构，不断提高履行岗位职责的能力，适应实施素质教育的需要，不断提高自身的创新能力和实践能力，具有一定的科研能力。		
培训对象	4-6年教龄教师		
培训内容	基础教育课程改革	《基础教育课程改革纲要解读》、新课程理念、学科课程标准解读、新课程与教师教色转换、新教材分析、新课程与评价方式改革等	
	学科教育理论	学科课程改革理念与实践、学科课程论与教材改革、教学反思、学科知识更新与扩展、学科前沿知识、教育教学实践研究课程、研究性学习的理论与实践、科学探究教学方法等	
	教学技能	现代教育技术、网络教学设计方法	

3. 骨干教师的培训阶段

该阶段我们所设计具体课程内容可作参考（表7-2-5）。

表 7-2-5　骨干教师培训的课程内容设置

培训对象	6-10年教龄的中小学教师
培训目的	通过培训，使骨干教师在思想政治与职业道德、专业知识与学术水平、教育教学能力与教育科研能力等方面有较大幅度的提高，提高他们实施素质教育的能力和水平，发挥他们在实施素质教育中的骨干带头和示范辐射作用，使其尽快成长为专家型的教师。

续表

培训对象		6-10年教龄的中小学教师
培训内容	基础教育改革	《基础教育课程改革纲要解读》、新课程理念、学科课程标准解读、新课程与教师教色转换、新教材分析、新课程与评价方式改革等
	教育理论与实践	现代教育理论学习与实践：现代教育理论研修、教育思想与学科教学艺术研究、优秀中小学实习等；学科前沿知识与综合知识：学科研究成果及发展趋势综述、现代科技及人文社会科学知识等；学科知识更新与扩展；教学反思等
	教育科学研究	教育科研课题的立项、研究、结题与成果鉴定等，教育教学个案研究，教学诊断与评价，教育科研方法，专题研究等
	现代教育技术应用	计算机应用、现代教育技术应用理论与实践、信息社会与信息技术等

4. 专家型教师的培训

处于该时期的教师主要参与的是教研工作，同时还会带领和帮助一些较为年轻的教师，好使他们的业务能力逐步得以提高。所以，应当依照教学过程中遇到的实际问题来作为研究的课题。

第三节 职前与职后一体化课程的实践研究

一、教师职前职后培训的课程教育模式

所谓的课程目标和课程内容，唯有落实到实践当中方可看到效果，对于中小学教师而言，不管是职前的培养还是职后培训，其内容部分既相关

关联，又各自有着与众不同的特点。教师所进行的职前培养在整个教师教育体系当中属于比较基础的教育，使学生的素质得以全面提高正是它所追求的，核心在于向学生传授科学文化知识，好使学生可以拥有基础的教育教学技能和教育能力。历经长年累月的发展使得职前培养塑造出独特的模式，对于中小学教师而言，对他们所进行的职前职后培训的重点在于再造性、更新性和补缺性的教育，一方面它有助于教师更新个人的知识和技术，另一方面也有助于教师及时地调整不恰当的教育观念、教育技能和教育方法，还可以使教师的教育教学能力和解决实际问题的能力得以逐步提高。这就需要职前职后的培训所采用的教育模式和课程实施模式一定要适应自身的教育特点。

目前针对中小学教师的培训模式还是挺多的，单从培训主体层面来看主要可划分为校本培训模式、院校培训模式和远程培训模式等。

（一）校本培训模式

狭义层面的校本培训是指因学校自身发展的需要，由学校自行发起和规划的，主要是为了使学校门所有教师的工作需要得到满足的校内培训活动。活动的目的在于使学校的发展水平得以提高。单从目标层面来看，校本培训是把学校和教师作为实际的始发点，通过一定的培训活动来使学校和教师所面临的实际难题得到解决，进而带动学校的全面发展，使得教师的教育教学和教育科研能力均得以提高，从而使教育教学质量整体得到提高。

（二）院校培训模式

所谓的院校培训模式，指的是一种由师范学院、综合性大学、教育学院、非师范高等院校共同参与的针对中小学教师进行继续教育的培训方式，当前国内中小学教师继续教育的主要方式之一正是院校培训模式。正是在该培训模式的引导下，可以实现对高等院校的教育资源和学科优势以及高等院校当中的潜课程资源都得以充分利用，而这些针对中小学教师而言是极为宝贵的，也是校本培训过程中所没有的。

（三）远程教育培训模式

能够充分地运用现代信息技术，正是远程教育的优势所在，通过形象生动的方式使得大批量的信息显示在受教育者面前。在远程教育的过程中,学习者可以打破时空的辖制,从而接受个别教师的辅导;可以第一时间供应最为丰富、新颖的信息,使得那些教育资源相对较为缺乏与教育资源丰富的地区,互相之间可以实现资源共享。针对教师教育所做的职前职后的培训,它的具体实施模式是多样化的。在整个实施的过程当中,应当把教师的实际情况作为参考来决定具体的培训模式。而且应尝试融合多种模式,充分发挥出各个模式各自的优势进而增强教育培训的效果。

二、教师职前职后培训的课程实施模式

讨论了教师教育职前职后培训的教育模式,我们再来探索一下教师职前职后培训的课程实施模式。

(一) 以课题为中心的培训模式

通常把课题作为研究的中心,使教师的教育理论素养得以提高,完全掌握进行教育科研的方法,使得教师的教育科研能力和教学实践过程中的创新能力均得到相应的培养。其运行的流程为:确定课题—理论学习—合作研究—交流探讨—指导实践。

(二) 以案例为中心的培训模式

该模式的基础在于课堂实践,所使用的是观摩研讨的方式,努力来解决教育课堂实践中所碰到各样实际问题。它具体的运行流程如下:选择进行观摩研究的问题—观摩示范课—对于专题进行研讨—总结经验撰写反思—迁移延伸。

(三) 以专题为中心的培训模式

该模式主要是针对课程具体的内容来开展的,把进行理论学习的学术研讨、课堂实践教学和经验总结巧妙地融合起来,好使教师的综合能力得以提高。它的运行流程是这样的:专题性理论辅导—文献研究—研讨活动—课堂实践—记录经验和总结。

(四) 学术研讨模式

该模式是把教育教学改革过程中出现的各类热点问题作为研究的核心，促使教师们去关注教育改革中存在的热点问题，用个人所学的教育理论知识来解决实践中的问题。先是要定下来学术探讨的题目，然后就要针对具体学术进行专题探讨。

(五) 师徒制

此种培训方式使用的是导师带徒弟的方式，针对个别人所进行的辅导，主要是为了引导青年教育坚定走在正道，促使其快速成长。其运行流程主要有：确定辅导的导师—导师依照徒弟的真实情况来制定有针对性的培训计划—考核验收。

以上所列的种种模式并非一成不变的，在具体的教育教学培训过程中是依据培训机构及教师的真实情况来定。通过灵活多变的方式来开展，使学生的主动性和积极性充分调动起来，从而使教育培训更有效果。

第八章　国内美术教师的人文素养

本章基于对美术教师应具备的人文素养问题的探讨，系统地阐述了美术教育观的树立、学校美术教育的目的和作用、当前社会美术教师应具备的条件，素质教育下的美术教学策略这几方面内容。

第一节　树立美术教育观

一、什么是大美术教育观

大美术教育观一定是建立在大文化观基础之上的，因此美术教育必须要站在大教育的高度来进行。这就要求，当代美术教育一定要以提升全民艺术修养为基础，并注重为国家培养新时代的高级艺术人才。因此，如果将美术教育仅仅看作是绘画的教育，那么这样的眼界则过于狭隘。

二、树立大美术教育观，探索学科内容重构

这是一个大问题，有待进一步研究和解决。就现学科内容的几点构想，提出几个原则性的思考。
（1）美育的核心是创造。
美术教学要牢牢把握培养学生创新思维和可持续发展的目标，充分发挥学生的潜能，为学生提供更多的创作和想象空间。
（2）美术学科的教学，应在大美术观的前提下，以素质教育为中心，

以实施美育为主导的思想原则，通过审美教育培养学生感受美、认识美、鉴赏美、追求美和创造美的能力；培养学生自律和道德情操，以达到高尚的、正确的审美观和塑造完美人格之目的。

（3）美术课要有"美"有"术"。在美术课堂中，绘画技术的教育是必不可少的。因为任何一种艺术都是建立在高超的技术手法之上的，正是因为这些高超的技术和经过前辈不断总结出的经验，才使艺术表现出更加纯粹的美感。在美术课堂中，教师通过培养学生对色彩、线条、形体、空间、质量感、节奏、旋律的感受能力和表现能力、记忆能力、想象能力、创造能力和形象思维能力。进而发展他们的艺术创作、艺术设计、造型能力和鉴赏能力。

（4）美术教学要跟上社会发展，把信息化、网络化、多媒体（包括影视）教学引入美术课教学中，树立教育资源共享的思想意识。

（5）结合实际，考虑不同地区教育发展的不平衡性和学生个体不同的特点，要加强乡土内容和因人施教的内容，培养和发展个性，尊重、引导、发挥学生的个性特征。

（6）纯粹的绘画性教学和单纯的理论教学往往无法起到培养学生兴趣的作用，因此此类教学可以适当弱化。此外，还应当增强实用性教学，帮助学生在日常生活中发现美，并将自己对艺术美的体验运用到生活当中。在新时期，美术教育应当以培养完善的人为根本目标，而且要培养学生的人格，就必须增加美术课程中人文修养方面的内容。

第二节　学校美术教育的目的和作用

一、学校美术教育与生存物质环境

天然存在的自然环境是人和动物所共有的生存基础。但人与动物的区别就在于，动物不能在自然界打下它们意志的烙印，而人却可以按照自己的意志把自然界变成属于人的、打上人的印记的东西，变成马克思所说的

"人化了的自然界"；而且人还能利用自然所提供的物质材料，为自己创造出一个"第二自然"，即一个为人所独有的人工环境。人类改造自然的活动，使自然有了属人的性质成为展开人的本质力量及其丰富性的对象，从而有了成为审美对象的可能性。

（一）以审美的态度对待自然环境

人类是自然界中的一员，而要在自然界中长久生存下去，就必须与自然和谐相处。因此从这一层面来看，人是从属于自然的。随着人类社会生产力的不断发展，人类日益增长的物质需求和经济需求使得自然承受的压力越来越大，这种毫无节制的索取必然导致自然和谐状态被破坏，这将是全人类共同的灾难。

（二）以审美的尺度创造生存环境

人类总按照审美的尺度去营建第二自然和创造艺术化的环境，具体表现在两大方面。

（1）将实用品转化为具有艺术意味的实用品，大到建筑，小到生活用品的设计、室内布置等。

（2）美化环境的观赏性艺术品，如雕塑、壁画、壁挂等。就其功能而言，主要是创造美的空间和创造精神氛围。

自然原本是一个无限延伸的离心空间，一些学者也将自然看作是一个消极空间。但经过人类改造后，被改造的部分就成为一种比自然更有意义的向心空间。在这一空间当中，人类的生存需求得到了满足。建筑、雕塑、城市布局对于环境的向心性和人的空间感受性有特别重要的作用。建筑在创造一个空间的同时，以其巨大的艺术形象，在我们周围形成了民族精神和时代精神的氛围。例如，西欧中世纪高耸入云的哥特式教堂与中国古代重重深院横向展开的宫殿；西方"构成几何化""景物人工化"的园林（如凡尔赛宫）与中国山石流水、曲径通幽的园林（如苏州拙政园）；古老的罗马大角斗场与新颖的悉尼歌剧院等都有着不同的民族精神或时代精神的价值取向和艺术氛围。

就学校美术教育而言，只有真正地起到培养人的作用，真正提升人的审美能力，才能够发挥其价值。而在接受学校美术教育之后，学生应当获得更好水平的审美眼光,并站在审美视角来重新甚至自然世界。在这种视角影响下,人们能够在日常生活和工作当中贯彻创造性思维,在最大的范围内使生存环境艺术化,从而整体上去提高我们的生活质量。

二、学校美术教育与人际社会环境

(一)美术是交际语言

艺术符号是一种超越时空、超越种族的世界性语言,因而成为最广泛、最丰富的人类交际手段之一。在美术馆中,不同种族、不同肤色的人们面对历代艺术大师的绘画,都感到陶醉、激动,这是因为艺术作品是一种特殊的传达媒介,不仅可以传达语义信息,还能够直接传达着"超语义信息"——形式、形象信息和生命信息,其中容纳了创作主体心灵深处种种可言说或不可言说的思想、感情、意境、梦幻。这样,便使得人们在面对美术作品时,能够进入心灵之间无限丰富和无限多样化的交流之中,这也正是当人类在各种表意性符号(文学语言、概念语言和科学语言)高度发达、高度精密的今天,仍然离不开艺术的重要原因。

人类能够参与艺术鉴赏和交流活动的能力并非是与生俱来的,事实上,后天有意识的培养以及在成长环境的熏陶对人的艺术行为有很大的影响。其原因主要体现在,"艺术超语义信息"的无限丰富性、无限多样性决定了它也具有无限丰富和无限多样的形态。通过大量的艺术教育实践发现,当人们首次接触一种陌生的艺术形态时,本能地会出现排斥心理,并使人感到无法适应,无法进入正常的心理交流状态,自然也无法进行艺术的欣赏。这是因为,任何一种艺术都有其独特的文化背景,如果我们不了解支撑一种艺术形态的文化背景,自然也无法理解该种艺术中包含的哲思,自然艺术作品与人的内心之间也无法进行心灵上的沟通与交流。这种美术交流中的隔阂和障碍唯有通过系统的美术教育才能疏通,从而才可能有资格在美术方面进入多层次、全方位的人际社会交流环境。

(二)美术能增强群体意识

艺术作为人的情感的载体,具有情感体验、交流和共鸣的特征,能使不同的人通过艺术作品,在情感和心理上形成联系或认同。由此艺术才可能超越时空、超越种族,使不同的个体心心相印、息息相通,不知不觉地形成一种群体意识。这一作用首先是建立在人这一本质基础之上的,只不过艺术教育在此方面更能以其整体性、超越性、主动性、自由性等特征令其他教育所不及。优秀的艺术作品总是超越时空地作用于不同社会群体的人,以共同的美感把人们聚合在一起。而其中每一个人又都从个人的情感和体验出发,从中索取所需要的东西而又能保持各自的独特性和完整性。艺术以尊重个人为前提去发掘人类情感的共通性,从而成为人们主动地、自由地参与交流和共享的依据。艺术并不把什么强加于人,只是以自身特有的魅力吸引人,给人以快乐和丰富的精神享受,而每个人都有介入和不介入的同等权利。一旦介入,他就进入了与他人、群体、社会、历史乃至全人类心灵交流的系统之中。美术教育从某种意义上说,正是为了使受教育者能从美术的角度以及思想观念上有资格参与人际交流提供必要的准备。

三、学校美术教育与文化艺术环境

现代艺术教育不能再局限于一个狭隘封闭的文化圈。随着科技和通信的发展,不同国家之间的交流越来越密切。因此,包括中小学美术教育在内的各级美术教育,必须为学生介绍多元的美术文化,在教授中国传统美术和西方古典美术的同时,还需要介绍世界各民族、民间的美术文化。这样可以帮助学生树立宽容、全面的审美心理和开放的文化心态。

只有具备上述素质的人,才能迈进现代文化艺术环境的门槛,才可能投身于现代文化艺术的交流、建设和创造。

值得一提的是,作为一种观念和态度,这种宽容的审美心理和开放的文化心态并不局限于审美领域。因为传统封闭的审美心理学与狭隘的、线性的、机械的思维方式和方法论有关,而宽容的审美心理和开放的文化心态是一种多维、多向量、辩证、系统的思维方式和方法论,其展现出的是当代人应该持有的、正确的价值观。它会影响人们的各种实践活动和行为模式。坚持这种新的价值观,能够在解决当代问题时做出正确的选择。学校艺术教育从艺术知识、艺术欣赏、艺术评论等方面影响学生现代价值观的形成，主要是现代审美文化观念的形成，从而从根本上优化整个社会的文化艺术环境。

四、学校美术教育与经济发展环境

以往我们在讨论学校美术教育（以及其他教育）时，很少直接从经济的角度去思考。在市场经济发展较早的西方社会，18世纪以来，从经济角度思考艺术教育已成为实施艺术教育的重要动力。从这方面来看，学校艺术教育主要是为了培养热爱艺术的社会群体，并从以下两个方面去改善我们的经济发展环境。

（一）艺术品走向市场

当社会主义经济的理论被提出并全面付诸实践时，美术作品也从形而上学的领域走向市场，这将是一个必然的趋势。自古以来，艺术和艺术家赖以存在的经济关系可分为三大类：一是皇家（国家）资助，二是富人赞助，三是市场交换。受到皇家资助的艺术家虽然能得到一定的物质待遇，却较多地受到统治者超经济的制约而不可能实现艺术上的自由创造。受富人赞助的艺术家其画风一般都受到赞助者的喜爱，故有较自由的创作环境，但在赞助的面纱背后，是其作品价值全被赞助者所占有。在市场交换中，艺术家与买主似乎都是独立而自由的个体，唯有纯粹的金钱关系。然而，艺术品往往因"曲高"而"和寡"，作品的艺术价值总难与投放市场的经济价值相一致。例如，精英艺术追求的是艺术作品在作品和精神世界中的价值，是对人类生存和当代文化的深刻理解和分析，是对人类情感生活和精神世界的丰富和发展。但是，由于其先进性和创造性等特点，这类艺术只能在精英群体中广泛流传，对于普通大众而言，他们很难真正理解其中的内涵，自然，精英艺术是很难市场化的。而通俗艺术和民间艺术只是大众文化消费，艺术价值不高，但却被大多数人所接受。因此，艺术与市场具有不同的价值取向。同时，我们可以看到，两者都是发展和变化的存在。随着时间的推移，人的审美能力必然会发展到一个较高的水平。以前不被理解的精英艺术会有越来越多的崇拜者，但与此同时，新的、难以被接受的精英艺术又会应运而生，引领着人类艺术的进一步发展。从理论上讲，艺术品买方市场是一个多层次的消费群体，几乎所有风格的艺术品似乎都有相应的市场受众，但实际上并非如此。这是因为，人的感觉、感觉的人性，都只是由于它的对象的存在，由于人化的自然界，才产生出来的。这就说明了精英艺术的超前性决定了它不可能被大多数人接受。

市场经济是社会发展的产物，且市场经济的不断升级也是当代社会发展的必然趋势，艺术必然从官方或专业的艺术展览转变为一种特殊的商品，进入市场经济的轨道。一方面，艺术市场可以促进艺术的发展，体现艺术的价值，使艺术家收回投资成本，有利于艺术再生产。另一方面，艺术市场也有异化艺术的能力，这将导致艺术家自我价值的缺失。如果一位艺术家受到市场经济影响过大，那么他就有可能失去艺术创作的个性和独立性，成了金钱的奴隶，为此，艺术家必须做出理性的选择。

中国的市场经济刚刚起步，作为特殊商品的艺术市场更是仅仅处于"前市场"阶段。我国艺术市场机制的建立和正常运转，有待于建立有利于艺术投资的法规（如免税制度、投资者利益保障等），有待于国家、地方收藏机构规模的形成和壮大，财力的充盈和文化保护意识的提高（尤其对超前又难以进入市场流通的精英艺术家的扶植和保护），有待于高瞻远瞩、具有使命感的艺术批评体系，有待于我国文化阶层经济收入的提高，更有待于全社会民众购藏美术原作的审美心理和投资意识的培养，即艺术消费和艺术投资阶层的形成和壮大。

（二）工艺美术设计推动着市场经济发展

工艺美术设计是推动市场经济发展的重要因素。工艺美术设计在各行各业都发挥着巨大的作用，为市场经济创造了丰厚的利润。从人们的衣、食、住、行到社会各行各业，艺术设计作品随处可见，难以在一定范围内划定。工艺美术设计主要表现在以下几个主要方面：工业设计，产品设计，商品包装设计等等。

1. 工业设计的动能与作用

工业造型设计在日本被称为"产业设计"，在我国起初称为"工业美术"，后又称为"产品造型""工业造型"等，20世纪80年代后期开始称为"工业设计"。工业设计是研究"人—产品—环境—社会"这一系统的学科，其实质是探索最优化的设计方案，来创造人类更合理、更有效的生存方式。

工业设计是在现代工业的历史背景下产生的一门研究物质和精神文化生活的综合性的应用学科。它具有创造性,包涵审美、适用等因素,影响和制约着市场经济,比如:汽车制造业,无论哪一种品牌的汽车,其同类车型的基本材料、结构、性能、机械原理等几方面大致是一样的,但由于汽车内外的造型、色彩、时尚感的设计意识不同,使其具有不同风格和个性,满足不同年龄、不同职业、不同地域、不同性格、不同地位的人们的需求,因此,便决定了汽车价格的千差万别,并制约着汽车市场的导向。

2. 广告设计的功能与作用

广告有很鲜明的实用目的性。在整个广告实施过程中,体现出如下的功能和作用。

(1)传播信息

广告的基本功能是通过各种媒介向社会传播产品和服务的信息。它传播的商品和服务信息具有双向信息交换的特点。也就是说,一方面,广告可以有效地向消费者传播信息,让消费者了解、理解并最终改变其对某一产品的态度,愿意接受并采取消费行动。另一方面,广告最大限度地反馈了市场、消费者、竞争对手等外部信息,为企业检验、修改和调整营销计划和策略提供了可靠的依据。

(2)扩大流通

广告在从生产到消费的过程中起着重要的作用。广告通过吸引人们的注意力,使人们对所宣传的产品和服务产生兴趣,激发消费者的购买欲望,最终诱发消费者的购买动机和行为,从而达到促进销售的最终目的。当然,消费者的购买行为取决于他们的客观需求,但广告的巨大影响力也不容忽视。

(3)树立形象

广告有助于树立良好的企业形象和产品形象。在当前竞争日益激烈的商品市场中,树立良好的企业形象和商品形象是企业生存和发展的重要战略条件和手段。

(4)引导消费

广告根据不同消费者或群体对产品和服务的不同需求,着重介绍产品和服务的突出特点,引导消费者做出正确的判断和选择,这是广告的另一

199

项功能。

从某种意义上说，广告就是抓住时机，给消费者一些刺激，使他们关注广告产品和服务，产生兴趣，改变态度，最终达到成功销售的目的。同时，广告既能满足现阶段消费者的需求，又能诱导消费者产生新的购买需求。因此，广告能够引导消费、培养消费者的消费欲望，进而促成最终的消费活动。

3. 包装设计的功能与作用

现代包装具有多种功能，其中最主要的是以下三种功能。

（1）保护功能：保护商品的原始形态及性能的完好是包装基本的功能。

（2）便利功能：现代包装能为人们的生活带来很多方便。

（3）促销功能：促销就是企业通过包装与顾客之间的信息沟通，以良好的视觉反映，来促使顾客的购买行为和消费方式向有利于商品销售的方向转变。

4. 其他艺术设计的功能与作用

环境艺术与设计是我国一门新兴的专业。环境艺术与设计在市场上的应用仅有20多年的历史，但由于这一学科设计的范围十分广泛，因此一经出现，便迅速得到大范围的普及。环境艺术与设计包括室内设计、建筑设计、室外环境设计等多个领域，且每个领域中，需要精心设计的部分也包括多个方面。例如，室内设计包括家具、厨房用具、卫生洁具、灯具、顶面、墙面、地板、门窗等，建筑设计主要指建筑造型，环境设计包括室外环境的城市规划、住宅小区布局、公共设施配套等。因此工艺美术设计在促进市场经济中发挥着越来越重要的作用。

五、学校美术教育能够完善学生人格

随着我国社会经济的不断发展和科学技术的不断进步，人们越来越注重看得见摸得着的事物，而逐渐忽视了精神世界的建设。在这种社会大背景下，一些人逐渐在物欲中迷失自我，在商品经济发展的浪潮中，失去了理想和信念，并最终沦为唯利是图的拜金主义者。这种现象导致我国国民人格素养整体下降，如果不及时纠正这种错误的社会风气，那么我国的年轻人必然无法健康成长，而我国未来的发展也令人感到担忧。为此，我们有必要在推动物质文明与社会经济发展的同时，提高学习道德思想教育，并注重营造良好的社会道德环境和高水平的社会文化氛围。当然，这就需要依靠社会、政治、体制等方面的综合治理，需要依靠强有力的德育和智育，并辅之以情操、审美方面的培养和陶冶。所以，学校美术教育应在情操、审美乃至人格完善等方面尽一臂之力，具体说来有以下几个方面。

（1）美有令人轻松愉快、赏心悦目的愉悦美，还有震撼人心的悲壮美。令人赏心悦目的美本质上是人对自然美好事物的审美体验，体现了对人与自然和谐共存的美好追求。而悲壮的美则表现出人对人生价值的深刻思考，以及对命运发展的深刻关注。悲壮之美体现在人类为追求理想与信念，勇于同黑暗与邪恶作斗争，勇于反抗命运安排上。其本质是追求"真"与"善"的体验，并在追求"真"与"善"的过程中，获取无限的勇气和力量。

（2）美术作品是人类在自然界和社会中生存实践过程中形成的结晶，因此美术作品能够反映社会、反映人的主观情感、反映社会整体价值取向。画自然风景蕴含着对大自然的依存和赞美，画小动物倾注着对幼小生命的怜爱，画校园生活讴歌了同学、师生之间的友善，画社会见闻体现了对种种社会现象的褒贬评价……在这小小的画面里除了"美"，还包容着超越了自然界弱肉强食的动物属性之后指向"善"的属于人的情感，而那些无人格的衣冠禽兽是无"善"可言的。

第三节 当前社会美术教师应具备的条件

（一）良好的道德品质和人格魅力

教师最重要的工作是教书，教学的对象是学生。学生的良好成长是教师工作的目的。"爱学生"是实现教师工作宗旨的一个重要前提。只有热爱学生，教师才能享受教学的过程。教师爱学生与爱教育是一致的，"爱学生"也是爱教育的具体体现。树立爱学生的教学观念，既是教师培养接班人的崇高职责，也是教师个人职业情感的归属。要促进教学成果的提升，首先要营造和谐的师生关系。而和谐的师生关系是建立在学生与教师相互信任、相互尊重的基础之上的。当学生尊重、信任自己的老师时，才能发自内心地接受老师的教导，并以老师的行为为自己行为的规范，进而获得真正的进步。这也是为什么教师要有完整的人格魅力，美术教师也不例外。

在今天，我们提倡的"大美术教育"的观念中，有一个非常突出的提法是"以学生的全面发展为本"。这个提法实际上就是"素质教育"的根本目标。它不仅是一种教育观念，而关键要落实在每一个教学环节之中，要落实在每一个学生身上。"全面发展"是包括了两个"全面"：第一是面向全体学生，第二是每一个学生的全面发展。其最终目的就是个性的发展和人格的完善。因此，"热爱学生"就更为必要了。我们要关心每一个学生，理解、尊重、相信他们，还要公平地对待每一个学生，严格地要求他们。

（二）有组织教学和传授美术知识、技能、技巧的教学能力

作为一名美术教师，应具备两种基本能力，即教学能力和艺术专业技能。美术院校的毕业生如果没有接受过教育学指导，他们往往很难投入到教学工作当中。而对于美术教师而言，要想实现教学的成果，其关键在于掌握教学能力。将来美术教师应本着向复合型人才的方向培养，力求规范，使其成为合格的美术教师。

实施教学是完成教学计划、学科教学大纲乃至实现培养目标的重要环节。上好一堂美术课的标准是：根据教学计划，掌握学科大纲，熟悉教材教法，遵循教学原则，围绕教学目的，设计教学过程，抓住教学环节，贯彻教学要求，突出教学要点，解决教学难点，搞好课堂交流，启发学生兴趣，鼓励学生创新，进而从根本上提高教学质量。

（三）有丰富的专业知识、理论和较高的审美素养

美术教学是一项非常专业的教学工作。其专业性要求从事这项工作的人员应具有丰富的艺术教育知识和理论，具有较高的审美素质和较高的艺术创作能力。

中小学美术教师必须要掌握中外美术史和美学理论，进而提高自身的审美素养，同时掌握绘画的方法和技巧。此外，还要学习教育学和心理学，提高教学理论知识和教学质量。这要求当代中小学美术教师必须具有较好的综合素质。

现代教育理论认为：教师是知识的传播者和学生能力的开发者，教师的这种社会角色特征决定了他必须拥有丰富的知识。美术教师的专业知识、理论有以下三个方面。

一是要掌握"多能一专"的美术知识、绘画实践能力和理论。

二是要掌握教育学、心理学的知识，教学能力及先进的教育理论。

三是以广博的文化知识为底蕴的审美素养。

对美术教师的美术知识和理论的要求是围绕三个层面展开的。首先是围绕美术学科的基础知识及所教的教材，其次是围绕美术的系统理论知识，最后是了解美术学科目前的发展和动态。

对于当代学校的美术教学而言，美术教师首先要具备较高的审美能力。尽管美术审美素养的培养可以通过绘画技能的训练提升，但掌握一定的美术技能却不等同于获得一定的审美素养。审美观主要内容包括审美要求、审美理想、审美趣味、审美标准等，审美理想和审美标准是核心。不同的阶层，不同的人群对审美的理想和标准是各异的。一个人即便掌握了极高的绘画技巧，但如果缺乏审美素养，那么他创作的作品也一定是缺乏美感的。在当代，美术教师要树立马克思主义审美观，积极学习马克思主义的美学理论，并深入探究马克思主义中国化的发展路径，在广泛了解世界各民族美学思想的同时，深入学习中国传统美学理论，在实践中探索真理。世界观、人生观规定和制约着审美观的形成和发展，因此，树立高尚、正确的审美观，必须要树立马克思主义的、高尚、正确的人生观和世界观。以健康向上的美术作品来引导学生，以高尚的美术作品来感染学生，培养学生正确的审美能力是我们美术教师责无旁贷的职责。

（四）有扎实的专业基础和动手能力

美术教师是美术的实践者，其绘画成就和渊博的文化艺术知识，应该足以激发学生对美术的兴趣和学习的积极性，激发学生的求知欲，发展他们的智力、创造力和想象力，丰富他们的精神生活，提高他们的审美水平。从这个意义上讲，美术教师必须不断提高自己的专业基础和实践能力。

从美术教师的教学工作的狭义来讲，"有丰富的专业知识、理论和较高的审美素养"与"有扎实的专业基础和动手能力"是一个对立统一体的两个方面。一个是强调知识、理论的掌握，是能"讲"，一个是强调技能和动手，是能"画"，前者在于思维、逻辑、表达的思想理论基础，后者在于绘画、设计、制作的动手能力，二者的统一才是新教育观念所需的有理论、有实践，多能一专的新型美术教师。

第四节　素质教育下的美术教学策略

一、优化教学目标

教学目标能够反映出教育工作者对教学活动结果的期望。在对教学目标进行优化时，必须立足现实，从学生的整体水平现状出发，并结合社会发展对新时期青年人才的需要，来制订符合当下社会需求的教学目标。此外，要注意充分发挥教学目标在教学过程中的引导、激励和评价作用，并在具体的教学实践过程中，根据现实情况对教学目标进行细化和调整，从而推动教学工作的有序进行。美术学科创新精神和实践能力培养目标体系的构建，是落实创新精神和实践能力培养的有力保障。美术教学作为素质教育的有机组成部分，担负着美育的重任。因此，艺术教育的核心目标是培养审美创造力，并在这一过程中培养学生的综合素质。艺术教育通过审美创造力的培养，将极大地促进普遍意义上的创造力培养。

美国美术教育家罗恩菲德说过："在艺术教育里，艺术只是一种达到目标的方法，而不是一个目标；艺术教育的目标是使人在创造的过程中，变得更富于创造力，而不管这种创造力将施用于何处。假如孩子长大了，而由他的美感经验获得较高的创造力，并将之应用于生活和职业，那么艺术教育的一项重要目标就已达成。"从这里可以看出，确立以审美创造能力为美术教学的核心目标，是落实中共中央把创新精神和实践能力的培养作为实施素质教育重点的决策要求,也是美术学科在现代教育中的价值、作用、地位的重新定义。

创造力的形成和发展有赖于深厚的知识积累。美术的知识认知和技能训练是培养学生审美创造力的基础。没有这一基础最为支撑,创造力的培养目标是不可能实现的。因此,认知目标和技能目标应以创造性目标为核心,创造性目标的实现应以认知目标和能力目标为基础。把创造列为美术教学目标的一个子系统并加以描述,在我国美术教育界已有学者进行过这方面的研究工作。我们应在此基础上加大对单元、课时创造目标的细化研究。努力在教学中运用现代美术教学思想,得当的教学策略、教学方法完整地设计好每一节课。把握住教学环节,运用启发式教学方法、有效的教学手段,开启学生创造的灵感,达成创新精神和创造能力的培养目标要求,这是美术教学实现创造能力培养的一个重要的方面。

二、树立素质教育的理念

实施以培养学生创新精神和实践能力为核心的素质教育,要求教师树立现代教育观、教学观、学生观、质量观和评价观。要树立以培养学生创新精神和实践能力为核心的艺术教学理念,以现代艺术教学理论为指导,全面准确地把握艺术教学的功能和培养目标,深刻理解中小学美术教育的基本特征和教育特点。

在中小学素质教育中,美术学科在培养学生的创新精神和创新能力方面发挥着独特的作用。美术学科对于培养学生的创新意识、培养学生的创造性思维、促进学生创新素质的发展具有重要作用。当前,为适应艺术教育新的发展要求,我们要特别注意以下几个方面的认识转变。

(1)美术教学要由只重教学结果、只看课堂作业效果,转变为注重教学过程、重视教学过程中各项培养目标的实施和体现的新型教学机制。

(2)美术教学要由单纯的知能传授,转变为实现多元教育功能,特别是创新精神和创造能力培养的学科培养目标。

(3)美术教学要由单纯的临摹教学,转变为引导学生自己感受、独立表现与创造为主体的教学方法。

(4)美术教学要由以"肖似"为美术作业评价的唯一质量标准,转变为注重创造性和表现性的造型实践导向。要由以教师讲述演示为主的传统教学方式，转变为以启发、诱导学生掌握观察、分析、归纳以及独自尝试掌握技法、注重探究的导学方法的学习。

（5）美术教学要淡化目前美术科目不尽科学的分类，要由单一的绘画教学转变为工艺制作、设计、欣赏等多科目、多学科的、综合的大美术教学。

（6）美术教学要由狭隘的、单调的教学内容范围，转变为开放性、世界性的美术文化领域，等等。

美术教学的最终目的是提升学生的艺术修养，同时对学生的情感表达和控制能力、智力进行提升，并起到辅德、怡情的作用。这就要求美术教师的教学工作必须采取多样化的手法，并关注每位学生的特点和个性。教学活动中，学生永远是学习的主体，教师能做的仅仅是通过各种办法引导、鼓励、促进学生的学习工作。一位优秀的美术教师必须要学会如何因材施教，如何在上大课的同时，兼顾每位学生的学习需求。此外，在艺术教学中，最终学生的个性发展也是不可忽视的，只有以此为基础，学生的创新精神和自主学习精神才能得到培养。

总之，每一位教师都要使自己的思想意识适应时代的要求，适应新世纪培养创新人才的战略决策。意识形态决定认知和行动。只有加强学习，掌握现代美术教育理论，才能更好地完成美术教学的根本任务，实现素质教育的根本目的。

三、优化课堂教学

（一）教学内容的最优化

在对教学内容进行优化时，首先要明确基本的教学目标，并了解学生的学习能力情况。在此基础上，教师还需要准确把握教学重点，并寻找到合适的切入点，通过教材来引导学生进入学习状态，并在学习教材内容的过程中逐步提升自己的认知水平。在确定知识点和能力训练点时，要注意选择具有创新意义的认知材料和培养创新能力、实践能力的技能训练内容，把握审美能力训练的突破口和结合点。此外，思想性、实践性、创造性和实践性的能力培养要抓住突破口,并注意在具体教学过程中,将德育和非智力因素的培养渗透进入。教学内容的安排要形成一个序列,既要体现学科知识的系统联系,又要反映学生认知的内在规律。

根据学科特点和学生的认知特点,美术教学应注重教学内容的重构,注重学习方法、研究方法和思维方法的训练和培养。不少著名的教育家都认为,教育首先应该教会学生如何做人,然后是如何思考,最后才是传授专业知识。事实上,这种教育观念贯穿中国传统教育活动,是中国传统教学育人的宗旨。因此,在美术教学中,要充分调动和发挥学生的主观能动性,鼓励学生积极思考,激发学生的发散性思维,培养学生的创新能力。在教学过程中,要形成师生平等民主的教学氛围。教师应特别注意教学生如何掌握好学习方法,使学生学会分析、欣赏、表达和创造一个造型艺术作品,为他们的可持续发展打下良好的基础。

此外,对当代美术教学过程进行汇总,教师还应当注重开发、拓展美术课程资源,确立现代课程观。

现代教材理念认为,教学活动使用的教材应当是具有开放性、发展性的。换言之,教师的教学活动要以教材为参考,但不能将教材看作教学内容的全部,即"用教材教学,而不是教授教材内容"。有目的地开发教材之外的教学资源,充分利用社会和周围生活中的资源,丰富美术教学内容,帮助学生获得新鲜的知识是当代美术教师必须要做到的。中国各地区都有自己独特的发展历史和丰富多彩的社会、政治、经济、文化资源。就艺术学科而言,无论是传统绘画艺术、民间工艺美术,无论是集体艺术创作还是风格独特的个人探索,都能从悠久的历史文化和丰富多彩的现代社会生活中找到各种艺术创作素材。教师要精心为学生选取具有创新教育意义的材料,选择在美术发展进程中具有代表意义的美术创新、美术与社会发展,美术家热爱祖国、热爱人民,为正义、民主奋斗的典型材料以及我国优秀传统美术的伟大成就等内容,所有这一切都是我们进行发掘、用于丰富美术教学的活生生的教学材料。所以,美术教学的内容应紧密结合社会生活实际,以鲜活的创新材料来启发、激励学生,加强对学生的思想道德教育,崇尚创新,立志成才教育,引导和启发学生生动、活泼、主动地学习,提高课堂教学质量,培养学生创新精神。

（二）课堂教学环节的最优化

所谓优化教学环节，即指教师要以教学实践经验为依托，将教学的基本环节设计成一个优化的组合方式和运作流程的过程。对教学全过程的设计能够保证教学活动的有序开展，良好的教学环节设计能够最大限度提升学生的学习效率，并带给学生良好的学习体验。

美术课堂的类型可划分为临摹课、写生课、创作课、图案课、设计制作课和美术作品欣赏课等。除了鉴赏类课程外，其他类型的课程都可分为组织导入、讲授新知、辅导练习、展评总结等几个基本环节。在对教学环境进行优化时，可以主要从以下几个环节入手。

1. 组织导入

新课程的引入要从学生的发展和需要出发，做到自然流畅、恰到好处。在进行课程导入时，教师首先应明确本课程的教学目标，明确新旧知识的联系。在此基础上，教师可找到新课程与之前课程之间的联想，或新课程与学生兴趣之间的联系来进行导入，让学生更快地熟悉新课程的核心内容，为下一个教学环节打下基础。

2. 讲授新知

当教师要开启新的一课的教学时，如何有序地向学生介绍新课程的内容，如何传授新的知识点和新的绘画技法就成为教师工作的关键。教师在课前必须准备好帮助学生学习的认知材料，并想好如何运用才能使这些认知材料更加直观并具有启发性。根据美术教学的特点，讲解一定要少而精，对课堂时间要进行严格控制。

3. 技能练习

这是美术课中学生实践活动的主要环节。是培养学生实践能力，动手能力，为学生学会"类创造"提供的重要机会。技能训练的目的在于让学生掌握绘画实践的方法，并能够独立地进行感受美、创造美的活动。因此美术教师要以此为出发点，引导学生在学习美术技能的同时学会审美。在进行技能训练的过程中，也要有计划、有层次、有梯度，要针对练习的情况进行具体指导，及时纠正调节。要特别注意对学习有困难的学生进行辅导。

4. 展评小结

展示学生作业的过程也是引导学生对自己的创作进行欣赏的过程，作业的展示通常要与教学评价相结合，因此这一过程也是教学的重要环境。在这一环节中，教师要引导学生体验艺术实践的乐趣，并感受成功的喜悦。同时，在这一环节中，教师可以有意识地鼓励学生积极创新，要求在作品中突出鲜明个性，同时要充分肯定每一个学生的进步，进一步激发学生的学习兴趣。

参考文献

[1] 陈凤杰. 加强高校青年教师思想政治工作的必要性和有效途径[J]. 求实, 2014 (01).

[2] 陈万柏, 张耀灿. 思想政治教育学原理[M]. 北京: 高等教育出版社, 2015.

[3] 邸燕茹. 高校推进青年教师思想政治工作的策略思考[J]. 思想理论教育导刊, 2013 (04).

[4] 高丽静. 高校青年教师思想状况调查分析[J]. 学校党建与思想教育, 2014 (04).

[5] 顾明远, 孟繁华. 国际教育新理念[M]. 海口: 海南出版社, 2001.

[6] 何祥林, 黄吴静, 徐丽. 教师为本师德为魂——关于当前我国高校师德现状的调研报告（下）[J]. 学校党建与思想教育, 2010 (28).

[7] 江文. 多元文化视野下高校青年教师思想政治教育工作新机制建设问题思考[J]. 成都中医药大学学报（教育科学版）, 2012 (01).

[8] 刘建. 论新形势下高校青年教师思想政治工作[J]. 中国青年研究, 2008 (04).

[9] 裴娣娜. 教育研究方法导论[M]. 合肥: 安徽教育出版社, 1995.

[10] 任学印, 孙启林. 教学指导: 促进初任教师专业发展的有效途径[J]. 外国教育研究, 2004 (08).

[11] 任学印. 促进初任教师专业持续发展[J]. 外国中小学教育, 2003 (12).

[12] 沈履平. 加强高校青年教师思想政治工作的思考[J]. 学校党建与思想教育, 2007 (05).

[13] 史静寰. 当代美国教育 [M]. 北京：社会科学文献出版社, 2001.

[14] 宋向华, 张学书. 思想政治教育视角下的高校校园文化建设 [J]. 中国教育学刊, 2013 (04).

[15] 唐玉光. 试论教师教育的专业性 [J]. 教育研究, 2002 (07).

[16] 王蕾. 在线教师学习共同体的构建研究 [D]. 长春：东北师范大学, 2007.

[17] 王少非. 教师教育课程的实践取向：何为与为何 [J]. 教师教育研究, 2013 (05).

[18] 王添淼. 成为反思性实践者：由《国际汉语教师标准》引发的思考 [J]. 语言教学与研究, 2010 (02).

[19] 王卫华. 论教育的实践性 [J]. 教育学报, 2007 (04).

[20] 王新艳. 教师继续教育课程设置中存在的问题 [J]. 中国成人教育, 2003 (08).

[21] 王艳玲. 教师教育课程论 [M]. 上海：华东师范大学出版社, 2011.

[22] 王艳玲. 教师专业发展：教师教育的核心理念 [J]. 全球教育展望, 2008 (10).

[23] 王增福. 康德对传统经验概念的重构及其知识论价值 [J]. 学术论坛, 2017 (05).

[24] 韦乃扬. 解决高校青年教师思想政治教育工作存在问题的对策 [J]. 广西民族大学学报（哲学社会科学版）, 2008 (05).

[25] 魏鑫. 教师反思的理论研究与现实思考 [D]. 兰州：西北师范大学, 2004.

[26] 伍思文. 论校同文化思想政治教育功能及其实现路径 [J]. 广西民族大学学报（哲学社会科学版）, 2010 (04).

[27] 熊晓梅. 坚持立德树人理念推进教师思想政治教育工作 [J]. 中国高等教育, 2013 (Z3).

[28] 徐成芳, 张艳宏. 当前高校青年教师思想政治教育的挑战及应对 [J]. 吉林化工学院学报, 2013, (02).

[29] 许梦日. 中学数学教师职前职后教育培训有效性研究 [J]. 华

中师范大学学报：自然科学版，2012（02）．

［30］闫莉莉．浅析教师实践性知识的建构［J］．现代教育科学，2010（12）．

［31］杨岭．超越技能：中学体育教学的文化品格研究［D］．重庆：西南大学，2015．

［32］杨启亮．合格性评价：基础教育评价的应然选择［J］．思想理论教育，2007（01）．

［33］杨青松．我国师范大学教师教育课程编制模式研究［D］．武汉：华中师范大学，2006．

［34］杨荣昌．教师继续教育课程体系研究［D］．上海：华东师范大学，2006．

［35］杨微，郭玉英．骨干教师视阈下的优秀教师评价标准：来自第一批高中课改实验区的调查［J］．现代教育管理 2010（07）．

［36］易森林．教育理论对教育实践的功能［D］．上海：华东师范大学，2010．

［37］尹喜，韩弘峰．增强高校青年教师思想政治教育工作的实效性探析［J］．思想教育研究，2013（11）．

［38］Yifan Gao. Landscape Design of Urban Landscape Architecture Based on Ecological Concept［J］. Joural of Advanced oxidation technologies，2018（06）．

［39］Yifan Gao. Research on Development Approaches of Virtual Reality Campus Based on Sign Design Principle［A］. Singapore Management and Sports Science Institute（SMSSI），Singapore、Academic Conference Institute，USA. Proceedings of 2016 3rd International Conference on Economic，Business Management and Education Innovation（EBMEI 2016 V55）［C］. Singapore Management and Sports Science Institute（SMSSI），Singapore、Academic Conference Institute，USA：智能信息技术应用学会，2016：5．

［40］高一帆．普通高校美术类专业大学生创业教育模式研究［J］．艺术教育，2014（06）．

［41］高一帆．高校艺术设计专业与市场对接策略初探［J］．文艺生活，2013（11）．

[42] 高一帆. 依托"产学研"模式促进高校艺术设计专业教育 [J]. 东方青年 2013（22）.

[43] 高一帆. 校园公共环境导向系统的视觉识别设计研究 [J]. 科技风, 2011（07）.

[44] 高一帆, 孙茜, 蔺泽丰. 特色县域小镇新媒体传播途径 [J]. 佳木斯职业学院学报, 2018（05）.

[45] 董翠, 和水英, 高一帆. 景观设计原理 [M]. 武汉：武汉理工大学出版社, 2010.

[46] 王景, 高一帆, 张晓波. POP 广告设计 [M]. 广州：华南理工大学出版社, 2015.

[47] 姬芳芳, 刘宏芹, 高一帆. 产品设计表现技法 [M]. 广州：华南理工大学出版社, 2015.

[48] 刘宏芹, 李小雷, 高一帆. 中文版 SOLIDWORKS 2010 从入门到精通（附光盘）[M]. 北京：中国铁道出版社, 2011.

[49] 王伟. 艺术创意高层次人才培养策略研究《美术大观》, 2018（12）.

[50] 王伟. 高等教育院校艺术专业学生就业创业理论与实践探索 [M]. 北京：地质出版社, 2018.

[51] 王伟, 曹阳. 以能力培养为导向的环境艺术设计专业课程体系建设研究 [J]. 教育现代化, 2018（07）.

[52] 王伟. 师范类院校环境设计专业课程体系改革探索 [J]. 报刊荟萃, 2018（10）.

[53] 王伟, 蒋丽, 石野飞. 基于校企合作的设计类大学生创新创业能力长效培养机制, 科技风 [J]. 2018（11）.

[54] 刘亮, 王伟. 高校艺术设计专业引入一体化教育模式的策略研究 [J]. 艺术品鉴, 2016（09）.

[55] 刘亮, 王伟. 京津冀协同发展背景下唐山民间美术微文化产业 [J]. 文学教育, 2016（03）.

[56] 刘亮, 王伟. 河北传统美术在美丽乡村建设中的独特作用与效果 [J]. 明日风尚 2016（05）.

[57] 王伟. 京津冀协同发展背景下河北民间美术的产业创新对策研

究［J］.美与时代，2016（01）.

［58］王伟.京津冀区域内河北美术类微文化协同发展探索［J］.产业与科技论坛，2016（06）.

［59］王伟.美术类微文化产业创新要素研究［J］.戏剧之家文学观察，2015（08）.

［60］王伟，杨光.京津冀协同发展视角下高校艺术专业师资人才协作交流途径探析［J］.中国市场，2016（07）.

［61］王伟，刘亮.微媒体背景下美术元素在茶叶包装上的应用［J］.福建茶叶，2017（02）.

曹杨，王伟.师范类院校环境设计专业课程体系研究［J］.艺术品鉴，2018（02）.

［62］王伟.河北省文化创意领域大学生的创新创业支援体系研究［J］.明日风尚，2018（07）.